索晓辉◎编著

会计实操
从新手到高手

图解实例版

中国纺织出版社有限公司
国家一级出版社
全国百佳图书出版单位

内 容 提 要

会计难学，更难应用。当你费尽千辛万苦掌握了晦涩的理论后，却发现在工作中怎么都不能得心应手地应用，这令初入职场的会计新手茫然无绪。怎样成为会计实务高手？本书的编写以最新企业会计准则和国家最新颁布的财务制度、法律法规为依据，对传统内容进行了全面升级，图文并茂，语言平实有趣，通俗易懂，为您量身打造理论与实践快速结合式学习体系，手把手地教您进行会计账务处理。

图书在版编目（CIP）数据

会计实操从新手到高手：图解实例版 / 索晓辉编著. —北京：中国纺织出版社有限公司，2020. 4（2024.7重印）

ISBN 978－7－5180－6892－0

Ⅰ. ①会… Ⅱ. ①索… Ⅲ. ①会计学—图解 Ⅳ. ①F230－64

中国版本图书馆CIP数据核字（2019）第236802号

策划编辑：于磊岚　　特约编辑：魏丹丹
责任校对：楼旭红　　责任印制：储志伟

中国纺织出版社有限公司出版发行
地址：北京市朝阳区百子湾东里A407号楼　邮政编码：100124
销售电话：010—67004422　传真：010—87155801
http：//www. c-textilep. com
中国纺织出版社天猫旗舰店
官方微博 http：//weibo.com / 2119887771
永清县晔盛亚胶印有限公司印刷　各地新华书店经销
2020年4月第1版　2024年7月第4次印刷
开本：710×1000　1/16　印张：17
字数：236千字　定价：78.00元

前言
PREFACE

纵观各样的招聘广告，我们能发现绝大多数招聘方强调的是“有相关经验者优先”。经验为何如此重要？因为有经验的人干起活来上手快，能给企业带来效益。对于会计类职位更是如此。初入职场的新手，虽然在理论上可能有余，但实践经验不足。如果能够学会正确地做事，并快速总结经验，一定能够在职场中脱颖而出。

作为刚走上会计岗位的你，在工作中是否感觉到困惑颇多，不知向谁请教？

你是否感到自己的会计相关知识混杂凌乱，不成体系，而且常常出现错误？

你是否想要提高工作质量和效率？

你是否想要快速地提升自己的业务能力，并有个良好的职业发展？

……

这就是一本为会计新手或即将走上会计相关岗位的人员量身打造的书，本书遵循“学以致用”的原则，聚焦实务中最重要的问题，一一为您讲解，从而做到即学即用，使您在尽可能短的时间内掌握相关知识和技能。

本书的一大特点便是图文并茂，通俗易懂，采用三维作图，给读者营造一个轻松、愉快、高效的阅读环境。内容几乎涵盖了会计核算的方方面面：货币资金、应收账款、存货、对外投资、固定资产、无形资产、流动负债、长期负债、所有者权益、收入、费用、利润等，阐述详尽，实用性强，手把手地教您进行会计账务处理。

本书以最新企业会计准则和国家最新颁布的财务制度、法律法规为依据编写，对传统内容进行了全面升级。通过本书的学习，相信您应该能应付工作中各式各样的问题了，用理论指导实践，用实践丰富理论。结合工作实际去思考、去体会，相关知识可以掌握得更加牢固且能够融会贯通。

对于本书的编写尽管我们已经殚精竭虑，但由于水平有限，时间紧迫，不周之处在所难免，希望大家谅解。如果您对本书有什么意见或建议，或者在学习中遇到什么问题，可以联系我们：suoxh@139.com，我们一定竭诚为您服务。

最后，对一贯支持我们的广大读者朋友和对本书的出版做出努力的朋友一并表示感谢。

索晓辉

2019 年 12 月

目 录
CONTENTS

第一章　推开会计的大门——企业会计的基础知识

刚接触或者尚未接触会计工作的人员可能会说："会计，不就是算算账嘛。"其实这只是讲到会计职能的一部分，会计工作不仅仅是对会计数据的记录和核算，还包括对企业的财务活动进行控制、分析，以及为企业经营管理决策提供依据。

第二章　管好手中钱——小企业货币资金的会计核算

关于现金，会计界流传着“现金为王”的说法，我们从中可以感知到现金管理的重要性。现金就像是企业的血液一样，运行顺畅良好则整个企业容光焕发，运行凝滞则整个企业丧失生机，陷入财务困境。海尔的管理法则中其中一句“现金流比利润更重要”就揭示出了企业对于现金的关注。

第三章 应收款项，利润焦点——应收款项的会计核算

在初中政治课上，老师都会描述这样一个场景：一个人牵着两头羊与另一个人牵着的一头牛交换，这也就是所谓的“等价交换”。在这个过程中也体现出即时交易，即一手交钱一手交货。但随着商业信用的出现，应收款项便应运而生，从而产生了购买行为与支付行为在时空上的分离。

第四章　把好存货关

何为存货呢？举一个很简单的例子，一个卖煎饼的大爷，他需要用货币购得面粉、鸡蛋、调料等各种原材料，然后通过制作煎饼，得到一个完工的煎饼，最后再将煎饼卖出，又换回货币。在整个过程中，面粉、鸡蛋、调料、未完工的煎饼，以及完工后未卖出的煎饼都是存货。

第五章 用投资来管好钱——对外投资的会计核算

对于企业来说，如果存在着闲置资本，即便暂时找不到合适的直接实体投资渠道，也不能仅仅将钱存入银行，因为这样做不仅收益率很低，而且经不起通胀的折腾。此时，企业就应当考虑对外投资了，对外投资不仅包括股票、债券、基金，而且还应包括对其他企业的长期股权投资。

第六章　企业躯体——固定资产的会计核算

固定资产，顾名思义，是指在一段较长的期限内保持原有的实物形态的资产。有人可能笑说“固定资产不就是固定不动的资产吗”，其实很多固定资产确实具有固定不动的特点，比如大型机器设备等。走进一家制造企业，随处可见的是厂房、机器、设备、生产线，这些都是固定资产，固定资产构成了一个企业的外在实体，也是企业运营的重要组成部分。

第七章 看不见的真金白银——小企业无形资产（长期待摊费用的会计核算）

一位管理大师曾说过，可口可乐最宝贵的资产不是厂房设备，而是其秘不外宣的可口可乐配方及商标所有权。可见，看不见的无形资产不见得就比看得见的真金白银差。在知识经济的社会中，重视无形资产的创造和管理是现代企业的最大特征。

第八章　无债并非一身轻——流动负债的会计核算

可以说“借鸡生蛋”是对企业负债经营原因的最好阐述，即借用别人的钱进行经营。在现代的商业社会中，不再会存在无债一身轻的公司，学会用别人的钱做自己的事将是企业家的重要任务。

第九章 企业资产的重要来源——长期负债的会计核算

几乎每个企业都会利用长期负债进行筹资，负债是否筹措适当对企业的成败来说至关重要。接下来，让我们一起进入长期负债的世界。

第十章 所有者的真实资产——所有者权益的会计核算

外行人可能会觉得作为一个私企的老总，整个企业都是他的。其实不然，属于老总的其实没有那么多，属于他的应该是整个企业的资产减去负债。从等式“资产 = 负债 + 所有者权益”我们也能得出结论。

第十一章　利润溯源——收入的会计核算

一提到收入，人们自然会联想到白花花的银子，所以，这是一个令人愉快的章节。但是不是一提到收入就能立马看到钱呢？那可未必，因为我国会计准则遵循的是权责发生制，企业确认收入并非建立在收到款项的基础上，所以我们应该了解收入确认是怎么个方式。各类收入账务处理又是怎样的呢？带着问题，我们进入这一章的学习。

第十二章 有所得则必有投入——成本费用的会计核算

生活中我们常常有这样的体验："付出不一定有回报，但想要有回报则必然要付出。"付出是回报的必要不充分条件。同样的道理，企业想要盈利则必然有成本的发生，"空手套白狼"的事是没有的。

第十三章 企业绩效焦点——利润及利润分配的会计核算

企业经营的目标是什么？或者说财务管理的目标是什么？相信大多数人都会说："当然是赚钱啦。"没错，企业经营的目标不外乎利润最大化、每股收益最大化、企业价值最大化。而这些目标都是紧紧围绕利润展开的。

第十四章 企业经营“体检表”——财务会计报告

一套真实的会计报表，如同给企业出具的一份科学的体检报告，专业的医生可以从中看出企业的发展状况以及健康与否；而虚假的会计报表则如同一份捏造的体检报告，将会造成错误的治疗。股神巴菲特特别强调财务报告的价值，他推崇从对财务会计报告的研读中发现企业真实的状况以及是否具有投资前景。

第一章 推开会计的大门

——企业会计的基础知识

● **全章概览**

“会计到底是干啥的？”

刚接触或者尚未接触会计工作的人员可能会说：“会计，不就是算算账嘛。”其实这只是讲到会计职能的一部分，会计工作不仅仅是对会计数据的记录和核算，还包括对企业的财务活动进行控制、分析，以及为企业经营管理决策提供依据。

日常中，我们接触到最多的会计岗位便是出纳以及资金的管理，对于会计的其他岗位设置你了解吗？而所谓会计的“算账”职能到底是怎么样个算法呢？

真正走进会计的世界，你才能体会到会计工作的丰富和精彩。本章将帮助你推开会计的大门，带你领略会计领域的精彩。

第一节　揭开会计的面纱
——企业会计的概念、职能、任务

（一）会计的定义

在日常生活中和学术上，会计有着不同的含义。通俗意义上，会计就是用会计语言，对经济组织所发生的经济活动进行描述，并把会计信息提供给管理者、经营者以及其他和企业有经济关系的人，让他们可以随时了解企业的资本结构、经营状况、财务风险状况等信息，并且在记录经济活动的过程中，对企业的经济活动进行一定程度的监督（图 1–1）。

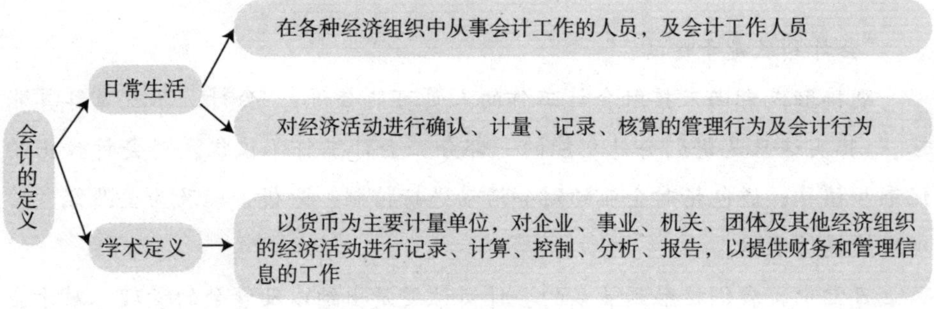

图 1–1　会计的定义

（二）企业会计的特点

无论在发达国家，还是发展中国家，小企业在国民经济中都具有重要的、不可替代的作用。小企业的重要性决定了企业会计的重要性，各国都在关注小企业的会计问题。2001 年 9 月，在日内瓦召开的联合国国际会计和报告标准政府间专家工作组（ISAR，简称“联合国会计专家组”）第 18 次会议上，重点讨论并研究了中小企业会计国际指南。如图 1–2 所示，中小企业会计国际指南贯彻了以下六大特征。

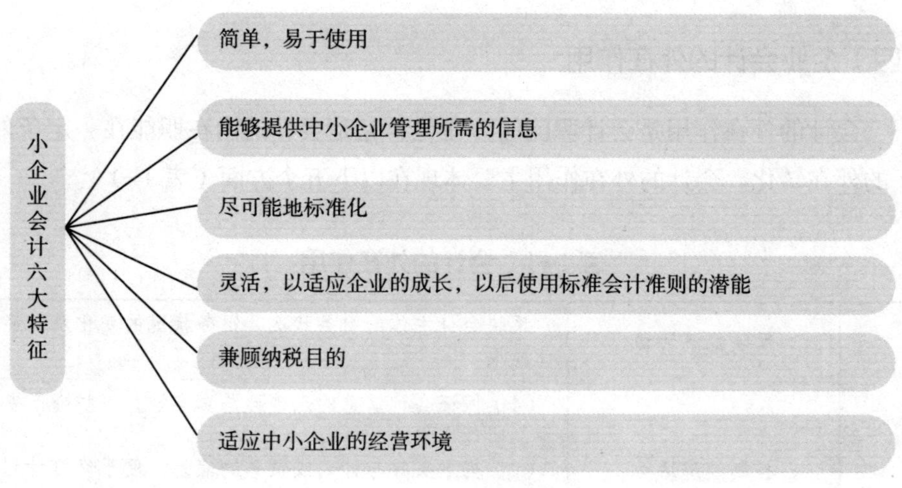

图 1–2　企业会计的六大特征

（三）企业会计的内在作用

企业会计的内在作用是指会计在经济管理过程中所具有的内在功能，是会计运行过程中会计职能的内在表现。现代会计具有会计核算与会计监督两大职能（图 1–3）。

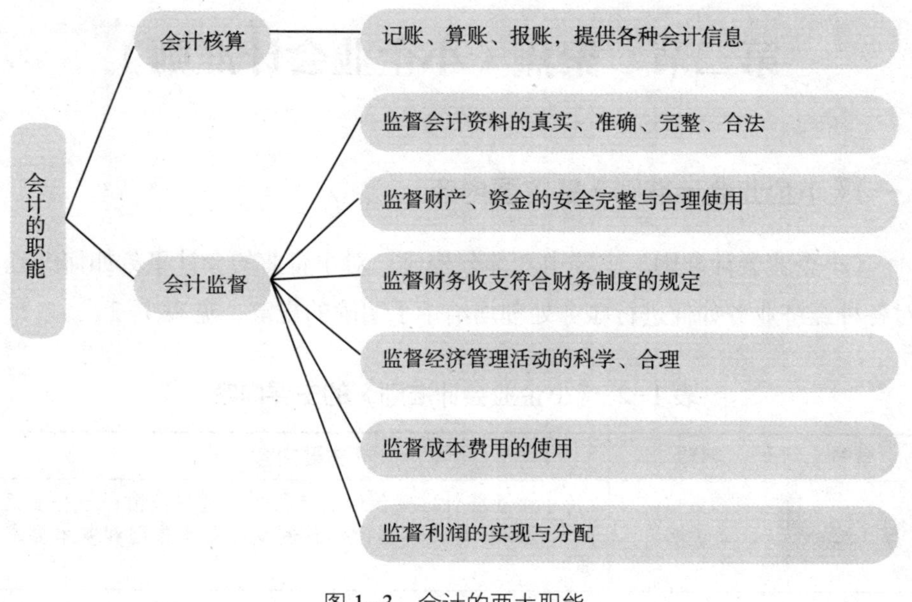

图 1–3　会计的两大职能

（四）企业会计的外在作用

会计的外在作用是会计职能的外在化，它是会计的内在职能在一定条件下的外在转化。会计的外在作用主要体现在以下五个方面（表 1–1）。

表 1–1　会计的外在作用

会计的作用	反映经济活动	反映会计主体的财务状况、财务状况的变化及其经营成果
	控制经济活动	（1）保证会计信息的正确性与真实性，保护资产安全、明确产权。 （2）揭示实际与计划或预算的偏差，便于修订计划或预算。 （3）控制经济活动的合法性与合理性
	评价经营业绩的作用	揭示一个企业的财务及其变动情况和最终经营业绩
	参与经济决策	通过提供会计信息，支持企业的经济决策
	预测经济前景	收集大量历史的和当前的信息，预测企业的经营前景

第二节　聚焦《小企业会计准则》

（一）《小企业会计准则》的主要内容

《小企业会计准则》主要由六部分构成，对小企业的会计事务如何办理、对各种经济业务如何进行账务处理均给予了明确的规定，见表 1–2。

表 1–2 《小企业会计准则》的主要内容

章节	名称	主要内容
第 1 部分	总说明	《小企业会计准则》的制定依据；适用范围；小企业记账本位币；应该遵循的会计制度的基本原则和基本要求等

续表

章节	名称	主要内容
第2部分	会计科目名称及编号	主要规定了60个会计科目，其中：资产类会计科目28个，负债类会计科目13个，所有者权益类会计科目5个，成本类会计科目2个，损益类会计科目12个
第3部分	会计科目使用说明	按照会计要素的确认、计量、记录和报告的要求，对60个会计科目的使用做出具体说明
第4部分	会计报表格式	资产负债表、利润表、现金流量表和应交增值税明细表等的格式
第5部分	会计报表编制说明	分别就如何编制上述报表，报表项目如何填列等，做出具体的规定；同时也规定了会计报表附注应披露的内容
第6部分	会计事项分录的举例	对小企业的主要经济业务事项如何进行账务处理，进行分录举例，为小企业实施该制度提供实务操作指南

（二）《小企业会计准则》的适用范围

1. 一般规定

《小企业会计准则》第二条规定，本准则适用于中华人民共和国境内依法设立的、符合《中小企业划型标准》所规定的小型企业标准的企业。但以下三类小企业除外：

（1）股票或债券在市场上公开交易的小企业。

（2）金融机构或其他具有金融性质的小企业。

（3）企业集团内的母公司和子公司[1]。

同时，《小企业会计准则》第八十九条规定，符合《中小企业划型标准》所规定的微型企业标准的企业参照执行本准则。

2011年6月18日工信部等四部门联合发布的《中小企业划型标准》规定，中小企业划分为中型、小型、微型三种类型，具体标准根据企业从业

[1] 此处所称企业集团、母公司和子公司的定义与《企业会计准则》的规定相同。《企业会计准则》第33号“合并财务报表”第二条规定：“母公司是指有一个或一个以上子公司的企业（或主体，下同）。子公司是指被母公司控制的企业。”这类小企业实际上是需要对外提供合并财务报表或者需要将其财务报表并入合并财务报表的企业。《小企业会计准则》要求企业集团内的母公司和子公司均应执行《企业会计准则》。

人员、营业收入、资产总额等指标，结合行业特点制定。本规定适用的行业包括：农、林、牧、渔业，工业（包括采矿业，制造业，电力、热力、燃气及水生产和供应业），建筑业，批发业，零售业，交通运输业（不含铁路运输业），仓储业，邮政业，住宿业，餐饮业，信息传输业（包括电信、互联网和相关服务），软件和信息技术服务业，房地产开发经营，物业管理，租赁和商务服务业，其他未列明行业（包括科学研究和技术服务业，水利、环境和公共设施管理业，居民服务、修理和其他服务业，社会工作，文化、体育和娱乐业等）。

具体来说，各个行业小型和微型企业的划分标准见表 1–3。

表 1–3　各行业小型和微型企业划分标准❶

行业	小型企业划分标准	微型企业划分标准
农、林、牧、渔业	营业收入 50 万元及以上、500 万元以下	营业收入 50 万元以下
工业（包括采矿业，制造业，电力、热力、燃气及水生产和供应业）	从业人员 20 人及以上、300 人以下，且营业收入 300 万元及以上、2000 万元以下	从业人员 20 人以下或营业收入 300 万元以下
建筑业	营业收入 300 万元及以上、6000 万元以下，且资产总额 300 万元及以上、5000 万元以下	营业收入 300 万元以下或资产总额 300 万元以下
批发业	从业人员 5 人及以上、20 人以下，且营业收入 1000 万元及以上、5000 万元以下	从业人员 5 人以下或营业收入 1000 万元以下
零售业	从业人员 10 人及以上、50 人以下，且营业收入 100 万元及以上、500 万元以下	从业人员 10 人以下或营业收入 100 万元以下
交通运输业（不含铁路运输业）	从业人员 20 人及以上、300 人以下，且营业收入 200 万元及以上、3000 万元以下	从业人员 20 人以下或营业收入 200 万元以下

❶ 本规定适用于在中华人民共和国境内依法设立的各类所有制和各种组织形式的企业。个体工商户和本规定以外的行业，参照本规定进行划型。

续表

行业	小型企业划分标准	微型企业划分标准
仓储业	从业人员20人及以上、100人以下，且营业收入100万元及以上、1000万元以下	从业人员20人以下或营业收入100万元以下
邮政业	从业人员20人及以上、300人以下，且营业收入100万元及以上、2000万元以下	从业人员20人以下或营业收入100万元以下
住宿业	从业人员10人及以上、100人以下，且营业收入100万元及以上、2000万元以下	从业人员10人以下或营业收入100万元以下
餐饮业	从业人员10人及以上、100人以下，且营业收入100万元及以上、2000万元以下	从业人员10人以下或营业收入100万元以下
信息传输业（含电信、互联网和相关服务）	从业人员10人及以上、100人以下，且营业收入100万元及以上、1000万元以下	从业人员10人以下或营业收入100万元以下
软件和信息技术服务业	从业人员10人及以上、100人以下，且营业收入50万元及以上、1000万元以下	从业人员10人以下或营业收入50万元以下
房地产开发经营	营业收入100万元及以上、1000万元以下，且资产总额2000万元及以上、5000万元以下	营业收入100万元以下或资产总额2000万元以下
物业管理	从业人员100人及以上、300人以下，且营业收入500万元及以上、1000万元以下	从业人员100人以下或营业收入500万元以下
租赁和商务服务业	从业人员10人及以上、100人以下，且资产总额100万元及以上、8000万元以下	从业人员10人以下或资产总额100万元以下
其他未列明行业	从业人员10人及以上、100人以下	从业人员10人以下

2. 特殊规定

在上述适用范围的基础上，《小企业会计准则》第三、第四条还做出了如下特殊规定：

（1）符合上述条件的小企业，可以执行《小企业会计准则》，也可以选择按照《企业会计准则》进行会计处理。

（2）执行《小企业会计准则》的小企业，发生的交易或者事项《小企业会计准则》未作规范的，可以参照《企业会计准则》中的相关规定进行处理。

（3）选择执行《企业会计准则》的小企业，不得在执行《企业会计准则》的同时，选择执行《小企业会计准则》的相关规定。

（4）执行《小企业会计准则》的小企业，公开发行股票或债券的，应当转为执行《企业会计准则》；因经营规模或企业性质变化导致不符合《小企业会计准则》所规定的小企业标准而成为大中型企业或金融企业的，应当从次年 1 月 1 日起转为执行《企业会计准则》。

（5）已执行《企业会计准则》的上市公司、大中型企业和小企业，不得转为执行《小企业会计准则》。

（6）执行《小企业会计准则》的小企业，转为执行《企业会计准则》时，应当按照《企业会计准则》第 38 号“首次执行企业会计准则”等相关规定进行会计处理。

（三）《小企业会计准则》的不适用范围

我国对于小企业的界定围绕资产总额、营业总额和雇员人数三个方面，以会计需求的特殊性为基准，予以适当确定。我国《小企业会计准则》中对于小企业的界定，应遵循国务院于 2000 年发布的《企业财务会计报告条例》中对小企业做出的“不对外筹集资金、经营规模较小”的规定。关于《小企业会计准则》具体的不适用范围，见表 1–4。

表 1-4 《小企业会计准则》的不适用范围

《小企业会计准则》的不适用范围	个人独资及合伙形式设立的小企业不适合《小企业会计准则》
	按照《小企业会计准则》进行核算的小企业，如果需要公开发行股票或债券等，应转为执行《企业会计准则》
	集团公司内部母子公司分属不同规模的情况下，为统一会计政策及合并报表等目的，集团内的小企业应执行《企业会计制度》
	按照本制度进行核算的小企业，不能在执行本制度的同时，选择执行《企业会计制度》的有关规定；选择执行《企业会计制度》的小企业，不能在执行《企业会计制度》的同时，选择执行本制度的有关规定

第三节　怎么个算法
——会计核算的前提、原则、要素以及方法

（一）会计核算的基本前提

会计核算的基本前提，即会计假设，是指组织会计核算工作应当具备的前提条件。面对变化不定的经济环境和复杂多变的经营活动，只有明确会计核算的基本前提（合理假设），才能运用科学的方法对小企业的经营活动进行正确且合乎规范的确认、计量、记录和报告，以掌握小企业经营活动完整、真实的情况，并对其经营活动进行有效的管理和控制。因此，企业会计的基本前提既是企业会计核算的基本依据，也是制定会计准则和会计制度的重要指导思想。会计核算的基本前提包括四个方面，即会计主体、持续经营、会计分期和货币计量，具体的规定见表 1-5。

表 1–5　会计核算的基本前提

基本前提	概念	《小企业会计准则》的具体规定
会计主体	会计工作为其服务的特定单位或组织	在中华人民共和国境内设立的，在可预计的时期内持续经营，不对外筹集资金、经营规模较小的法人企业
持续经营	在正常情况下，企业应按照既定的经营方针、目标、形式，无限期地经营下去，即在可预见的未来，该会计主体不会停业或破产清算	小企业的会计核算应当以持续、正常的生产经营活动为前提
会计分期	为了及时地获得会计信息，充分发挥会计的反映和监督职能，应当合理地划分会计期间，即进行会计分期	会计核算应当划分会计期间，分期结算账目和编制财务会计报告。会计期间通常为 1 年，1 年称为一个会计年度。会计期间既可以与日历年度一致（我国采用），也可以不一致。月份、季度也是一种会计期间
货币计量	用币值稳定的货币作为会计的计量手段，将会计主体的经济活动和财务数据转化为按统一货币单位反映的会计信息	小企业的会计核算以人民币为记账本位币。业务收支以人民币以外的货币为主的小企业，可以选定其中一种货币作为记账本位币，但编报的财务会计报告应当折算为人民币

（二）企业会计核算的一般原则

会计核算的一般原则又称一般准则或一般要求，是进行会计账务处理、编制会计报表所依据的一般规则和准绳，是进行会计核算的基本要求。根据《小企业会计准则》的规定，企业会计的一般原则共 13 项，具体规定见表 1–6。

表 1–6　企业会计核算的一般原则

<table>
<tr><td rowspan="13">小企业会计核算的13项一般原则</td><td rowspan="8">会计信息质量要求一般原则</td><td>客观性原则</td><td>企业的会计核算应当以实际发生的交易或事项以及证明经济业务发生的合法凭证为依据，如实反映其财务状况和经营成果，做到内容真实、数字准确、手续齐备、资料可靠</td></tr>
<tr><td>实质重于形式原则</td><td>企业应当按照交易或事项的经济实质进行会计核算，而不应仅以法律形式作为会计核算的依据</td></tr>
<tr><td>相关性原则</td><td>企业提供的会计信息应当能够反映企业的财务状况、经营成果和现金流量，以满足有关利益各方了解企业财务状况和经营成果的需要</td></tr>
<tr><td>一贯性原则</td><td>小企业对同一类会计事项，所采用的会计核算方法和程序前后各期应当保持一致，不得随意变更</td></tr>
<tr><td>可比性原则</td><td>小企业的会计核算应当按照会计准则和会计制度规定，提供口径一致、相互可比的会计信息</td></tr>
<tr><td>及时性原则</td><td>会计事项的处理必须于经济业务发生时及时进行会计处理，不得提前或延后</td></tr>
<tr><td>明晰性原则</td><td>企业的会计核算和编制的财务会计报告应当清晰明了，便于理解和运用</td></tr>
<tr><td>重要性原则</td><td>企业的会计核算应当遵循重要性原则，在会计核算过程中对交易或事项应当区别其重要性程度，采用不同的会计核算方法，有简有详，繁简适当，区别对待</td></tr>
<tr><td rowspan="5">会计确认、计量的一般原则</td><td>权责发生制原则</td><td>企业的会计核算应当以权责发生制为基础，凡在当期已经实现的收入和已经发生或应当负担的费用，不论款项是否收付，都应作为当期的收入和费用；凡是不属于当期的收入和费用，即使款项已在当期收付，也不应作为当期的收入和费用</td></tr>
<tr><td>配比原则</td><td>企业在进行会计核算时，收入与其成本、费用应当相互配比，同一会计期间内的各项收入与其相关的成本、费用，应当在该会计期间内确认</td></tr>
<tr><td>历史成本原则</td><td>企业的各项资产在取得或购建时应当按照实际成本计量</td></tr>
<tr><td>划分收益性支出与资本性支出的原则</td><td>企业的会计核算应当合理划分收益性支出与资本性支出的界限。凡支出的效益仅及于本年度（或一个营业周期）的，应当作为收益性支出；凡支出的效益及于几个会计年度（或几个营业周期）的，应当作为资本性支出</td></tr>
<tr><td>谨慎性原则</td><td>在资产、负债的计价及损益确认时，如果有两种或两种以上的方法或金额可供选择时，应选择不高估资产或收益，少计负债或费用的方法。不预计任何可能的收益，但应合理预计可能发生的损失和费用</td></tr>
</table>

（三）企业会计要素

企业会计要素是建立会计系统理论和实务的重要基础，是企业会计报表的基本构成内容。我国《企业会计准则》将企业会计要素划分为资产、负债、所有者权益、收入、费用与利润六大要素。资产、负债和所有者权益是反映企业财务状况的会计要素，也称为静态会计要素，构成资产负债表的基本框架。收入、费用及利润是反映企业经营成果的会计要素，也称为动态会计要素，构成利润表的基本框架。关于企业会计要素的概念、特征、举例等具体的内容，详见表 1–7。

表 1–7　企业会计要素一览表

会计要素	概念	基本特征	主要的类别
资产	过去的交易、事项形成并由企业拥有或控制的资源，该资源预期会给企业带来经济利益流入	（1）资产是由过去的交易或事项形成的。 （2）资产是由企业拥有或控制的。 （3）资产预期会给企业带来经济利益	按流动性分为流动资产、长期投资、固定资产、无形资产及其他资产等
负债	过去的交易、事项形成的现时义务，履行该义务预期会导致经济利益流出企业	（1）负债是基于过去的交易或事项形成的。 （2）负债是企业承担的现时义务。 （3）现时义务的履行，通常关系到企业放弃含有经济利益的资产。 （4）负债通常是在未来某个时日通过交付资产、提供劳务或举新债还旧债	按其流动性分为流动负债和长期负债
所有者权益	所有者在企业资产中享有的经济利益，其金额为资产减去负债后的余额，即净资产	属于企业所有者对企业的投入资本	实收资本、资本公积、盈余公积和未分配利润等

续表

会计要素	概念	基本特征	主要的类别
收入	企业在销售商品、提供劳务及让渡资产使用权等日常经营活动中所形成的经济利益的总流入	形成经济利益的总流入	（1）商品销售收入。 （2）提供劳务取得的收入。 （3）让渡资产使用权所获得的收入
费用	企业为销售商品、提供劳务等日常活动所发生的经济利益的流出	（1）最终会减少企业的资源。 （2）最终会减少企业的所有者权益	产品生产成本由直接材料、直接人工和制造费用三个成本项目构成；期间费用包括管理费用、财务费用和销售费用三项
利润	企业在一定会计期间的经营成果	总收入减去各种成本、费用后的余额	包括营业利润、投资收益、补贴收入、营业外收入和营业外支出、所得税等

（四）会计核算方法

会计核算方法是对企业已发生的经济活动进行完整的、连续的、系统的会计核算和监督所应用的方法。会计核算的方法，一般是指会计活动中用于实现其职能的各种程序、制度、方法。主要包括：设置会计科目、复式记账、填制和审核凭证、登记账簿、成本计算、财产清查和编制会计报表。这些具体会计方法的详细内容见表1–8。

表1–8　会计核算的具体方法

序号	会计方法	备注
1	设置会计科目	会计科目就是对会计对象的具体内容进行分类核算的项目。设置会计科目就是事先在设计会计制度时规定这些项目，然后根据它在账簿中开立账户，分类地连续地记录各项经济业务。物业公司属于提供劳务服务的第三产业，现将其会计科目列出，以供会计核算时使用
2	复式记账	复式记账是对每一项经济业务都要以相等的金额，在相互关联的两个或两个以上账户中进行记录的记账方法。这种记账方法能够全面、清晰地反映出经济业务的来龙去脉，可以检查有关业务的记录是否正确

续表

序号	会计方法	备注
3	填制和审核凭证	会计凭证是记录经济业务、明确经济责任的书面证明，是登记账簿的重要依据。所有凭证都要经过会计部门和有关部门的审核。只有经过审核无误的会计凭证，才能作为记账的依据。填制和审核会计凭证可以为经济管理提供真实可信的数据资料，也是实行会计监督的一个重要方面
4	登记账簿	账簿是用来全面、连续、系统地记录各项经济业务的簿籍。登记账簿就是将发生的经济业务，序时、分类地记入有关账簿。登记账簿必须以凭证为根据，并定期进行结账、对账，为编制会计报表提供完整而又系统的会计数据
5	成本计算	成本计算是指在生产经营过程中，按照一定对象归集和分配发生的各种费用支出，以确定该对象的总成本和单位成本的一种专门方法。通过成本计算，可以反映和监督各项费用的发生是否符合节约原则，了解成本水平，并为成本分析提供资料
6	财产清查	财产清查，就是通过对实物、现金的实地盘点相对银行存款、债权债务的查对，来确定财产物资、货币资金和债权债务的实存数，并查明账面结存与实存数是否相符的一种专门方法。若发现账实不符，查明原因，经过批准手续调整账目，使账实相符
7	编制会计报表	会计报表是根据账簿记录定期编制的、总括反映企业和行政单位在一定时期财务状况和经营成果的书面文件。会计报表为人们了解和观察企业的生产经营情况，衡量和评价企业的财务状况和经营成果，提供必要的依据

上述七种方法密切结合，形成完整的会计方法体系。经济业务发生后，经办人员要填制或取得凭证，经会计人员审核整理后，按照设置的会计科目，运用复式记账法，编制记账凭证，并据以登记账簿，计算成本，进行财产清查，在账实相符的基础上，编制会计报表。

第四节　了解你的职责
——会计岗位的设置及岗位职责

（一）设置会计岗位的原则

会计工作岗位，是对一个单位的会计工作进行具体分工而设置的各个职能岗位，岗位的设置有利于合理划分各个岗位的职责；有利于提高工作效率和质量；有利于加强会计工作的程序化和规范化。《会计基础工作规范》对会计工作岗位的设置规定了基本原则，提出了示范性的要求，见表1–9。

表1–9　设置会计岗位的原则

设置原则	《会计基础工作规范》的规定	说明
根据本单位会计业务的需要	各单位应当根据会计业务需要设置会计工作岗位	在设置会计工作岗位时，必须结合单位的实际情况，有的分设、有的合并、有的不设，以满足会计业务需要为原则
符合内部牵制制度的要求	会计工作岗位，可以一人一岗、一人多岗或者一岗多人。但出纳人员不得兼管稽核、会计档案保管和收入、费用、债权债务账目的登记工作	会计、出纳一人兼任，或者出纳与财物保管一人兼任，为徇私舞弊或贪污挪用等违法乱纪行为留下了可乘之机，隐患甚大
有利于会计人员全面熟悉业务，不断提高业务素质	会计人员的工作岗位应当有计划地进行轮换。	可以激励会计人员不断进取，改进工作，而且也在一定程度上有助于防止违法乱纪，保护会计人员
有利于建立岗位责任制	会计机构负责人或者会计主管人员，出纳，财产物资核算，工资核算，成本费用核算，财务成果核算，资金核算，往来结算，总账报表，稽核，档案管理等	这种设置方法，基本上包括了会计业务的主要内容和主要方面，为建立岗位责任制提供了比较完整的基础，是单位在具体制订会计工作岗位设置方案时比较理想的参考方案

(二)怎样设置会计岗位

会计人员的配备数量，同单位的大小、业务的多寡、资产的规模、经营管理的要求、核算的组织形式以及采用什么样的会计核算手段等，都有密切的关系，这些岗位可以一人一岗、一人多岗或一岗多人，各单位可以根据本单位的会计业务量和会计人员配备的实际情况具体确定。由于小企业不可能做到一岗一人，一人多岗的情况非常普遍，因此在分工时必须非常好地贯彻互相牵制、互相监督的原则。会计人员的工作岗位设置如图 1–4 所示。

会计人员的工作岗位

(1)会计主管
(2)出纳
(3)资金管理
(4)预算管理
(5)固定资产核算
(6)存货核算
(7)成本核算
(8)工资核算
(9)往来结算
(10)收入利润核算
(11)税务会计
(12)总账报表
(13)稽核
(14)会计电算化管理等

图 1–4　会计人员的工作岗位

需要注意的是，为贯彻内部会计控制中的“账、钱、物分管”的原则，出纳人员不得兼管稽核、会计档案保管及收入、费用、债权债务账目的登记工作。对于企业的会计人员，应有计划地进行岗位轮换，以便会计人员能够比较全面地了解和熟悉各项会计工作，提高业务水平。会计人员调动工作或因故离职离岗，要将其经管的会计账目、款项和未了事项向接办人员移交清楚，并由其上级主管人员负责监交。

（三）会计岗位设置上应体现会计人员回避制度

回避制度是指为了保证执法或者执业的公正性，对由于某种原因可能影响其公正执法或者执业的人员实行任职回避和业务回避的一种制度。回避制度已成为我国人事管理的一项重要制度。

《会计基础工作规范》规定："国家机关、国有企业、事业单位任用会计人员应当实行回避制度。单位领导人的直系亲属不得担任本单位的会计机构负责人、会计主管人员。会计机构负责人、会计主管人员的直系亲属不得在本单位会计机构中担任出纳工作。"

表 1-10 所示的三种关系需要予以回避。

表 1-10　会计人员需要回避的三种情况

需回避的关系	关系的概念	关系举例
夫妻关系	自己的配偶	夫妻的另一方
直系血亲关系	具有直接血缘关系的亲属	祖父母、父母、子女、养父母和养子女之间的关系
三代以内旁系血亲以及近姻亲关系	源于同一祖先的、非直系的，从自身往上或者往下数三代以内，除了直系血亲以外的血亲，就是三代以内旁系血亲	自己的兄弟姐妹及其子女与父母的兄弟姐妹及其子女

（四）主要会计岗位的职责

会计人员的工作岗位一般可分为：

（1）会计主管。

（2）出纳。

（3）资金管理。

（4）预算管理。

（5）固定资产核算。

（6）存货核算。

（7）成本核算。

（8）工资核算。

（9）往来结算。

（10）收入利润核算。

（11）税务会计。

（12）总账报表。

（13）稽核。

（14）会计电算化管理。

（15）档案管理。

对每一个岗位的职责都应该给予明确的规定。对于小企业而言，由于可以配备的财务人员的数量有限，没有条件实现一人一岗，在分工中必须一人多岗，一专多能，但必须很好地解决互相监督、便于换岗。

表 1–11 是各个岗位最主要的职责，各个企业财务部门应该科学地借鉴这些规定，合理地设置岗位，安排分工。

表 1–11　财务部门各岗位主要职责

序号	岗位名称	岗位职责
1	会计主管岗位	（1）按照会计制度及有关规定，结合本单位的具体情况，主持起草本单位具体会计制度及实施办法，科学地组织会计工作，并领导、督促会计人员贯彻执行。 （2）参与经营决策，主持制定和考核财务预算。 （3）经常研究工作，总结经验，不断改进和完善会计工作。 （4）组织本单位会计人员学习业务知识，提高会计人员的素质，考核会计人员的能力，合理调配会计人员的工作
2	出纳岗位	（1）严格按照本单位的《货币资金内部会计控制实施办法》的规定，对原始凭证进行复核，办理款项收付。 （2）办理银行结算，规范使用支票。 （3）认真登日记账，保证日清月结，及时查询未达账项。 （4）保管库存现金和有关印章，登记注销支票。 （5）审核收入凭证，及时办理销售款项的结算，督促有关部门催收销售货款
3	资金管理岗位	（1）反映资金预算的执行及控制状况。 （2）筹措及调度资金。 （3）办理借贷款事项及其清偿。 （4）办理投资业务。 （5）记录、保管各种有价证券。 （6）与财务调度有关的其他事项

续表

序号	岗位名称	岗位职责
4	预算管理岗位	（1）编制各期资金预算。 （2）编制及考核生产预算。 （3）编制及控制成本费用预算。 （4）编制及分析销售预算。 （5）编制及执行资本预算。 （6）处理其他与预算有关事项
5	固定资产核算岗位	（1）会同有关部门拟订固定资产管理与核算、实施办法。 （2）参与核定固定资产需用量，参与编制固定资产更新改造和大修理计划。 （3）计算提取固定资产折旧、预提修理费用。 （4）参与固定资产的清查盘点与报废。 （5）分析固定资产的使用效果
6	存货核算岗位	（1）会同有关部门拟订材料物资管理与核算实施办法。 （2）审查采购计划，控制采购成本，防止盲目采购。 （3）负责存货明细核算，对已验收入库尚未付款的材料，月终要估价入账。 （4）配合有关部门制定材料消耗定额，编制材料计划成本目录。 （5）参与库存盘点，处理清查账务。 （6）分析储备情况，防止呆滞积压，对于超过正常储备和长期呆滞积压的存货，要分析原因，提出处理意见和建议，督促有关部门处理
7	成本核算岗位	（1）核对各项原材料、物品、产成品、在产品入库领用事项及收付金额。 （2）编制材料领用转账凭证。 （3）审核委托及受托外单位加工事项。 （4）计算生产与销售成本及各项费用。 （5）进行成本、费用的分配及账目之间调整。 （6）分析比较销售成本，做好成本日常控制。 （7）进行内部成本核算及业绩考核。 （8）编制公司有关成本报表。 （9）其他与成本核算、分析、控制有关的事项
8	工资核算岗位	（1）审核有关工资的原始单据，办理代扣款项（包括计算个人所得税、住房基金、劳保基金、失业保险金等）。 （2）按照人事部门提供的工资分配表，填制记账凭证。 （3）协助出纳人员发放工资。工资发放完毕后，要及时将工资和奖金计算明细表附在记账凭证后或单独装订成册，并注明记账凭证编号，妥善保管。 （4）计提应付福利费和工会经费，并进行账务处理
9	往来结算岗位	（1）执行往来结算清算办法，防止坏账损失。 （2）办理往来款项的结算业务。 （3）负责往来结算的明细核算

续表

序号	岗位名称	岗位职责
10	收入利润核算岗位	（1）负责销售核算，核实销售往来。 （2）计算与分析利润计划的完成情况，督促实现目标。 （3）建立投资台账，按期计算收益。 （4）结转收入、成本与费用，严格审查营业外支出，正确核算利润，对公司所得税有影响的项目，应注意调整应纳税所得额。 （5）按规定计算利润和利润分配，计算应缴所得税。 （6）结账时的调整业务处理。 （7）编制利润报表，分析盈亏原因
11	税务会计岗位	（1）办理公司税务上的缴纳、查对、复核等事项。 （2）办理有关的免税申请及退税冲账等事项。 （3）办理税务登记及变更等有关事项。 （4）编制有关的税务报表及相关分析报告。 （5）办理其他与税务有关的事项
12	总账报表岗位	（1）负责保管总账和明细账，年底按会计档案的要求整理与装订总账及明细账。 （2）编制会计报表并进行分析，写出综合分析报告。 （3）其他与账务处理有关事项
13	稽核岗位	（1）审查财务收支。 （2）复核各种记账凭证，复核凭证是否合法，内容是否真实，手续是否完备，数字是否正确，记账分录是否符合制度规定。 （3）对账簿记录进行抽查，看其是否符合要求，并将计算机中的数据与会计凭证进行核对。 （4）复核各种会计报表是否符合制度规定的编报要求
14	会计电算化管理岗位	（1）负责协调计算机及会计软件系统的运行工作。 （2）掌握计算机的性能和财务软件的特点，负责财务软件的升级与开发。 （3）对计算机的文件进行日常整理，对财务数据盘进行备份，妥善保管。 （4）监督计算机及会计软件系统的运行，防止利用计算机进行舞弊。 （5）经常进行杀病毒工作，保证计算机的正常使用
15	档案管理岗位	依据《会计档案管理办法》的规定，建立会计档案的立卷、归档、保管、查阅和销毁等管理制度，保证会计档案妥善保管、有序存放、方便查阅、严防毁损、散失和泄密

第二章

管好手中钱

——小企业货币资金的会计核算

● 全章概览

如何管好企业的那些钱?

关于现金,会计界流传着“现金为王”的说法,我们从中可以感知到现金管理的重要性。现金就像是企业的血液一样,运行顺畅良好则整个企业容光焕发,运行凝滞则整个企业丧失生机,陷入财务困境。海尔的管理法则中其中一句“现金流比利润更重要”就揭示出了企业对于现金的关注。

本章我们将从比较浅显的层面对货币资金进行介绍,使大家能够对作为“王”的现金有个总体的了解,在日后关注企业前途的时候时刻不忘关注企业的“钱”途——企业货币资金的使用及管理途径。

第一节　什么是现金

（一）货币资金及其分类

货币资金是小企业在生产经营过程中处于货币形态的那部分资金，是小企业资产的重要组成部分，也是小企业资产中流动性较强的一种资产。任何小企业要进行生产经营活动都必须拥有货币资金，持有货币资金是进行生产经营的基本条件。根据货币资金的存放地点及其用途的不同，货币资金分为现金、银行存款和其他货币资金（图 2–1）。

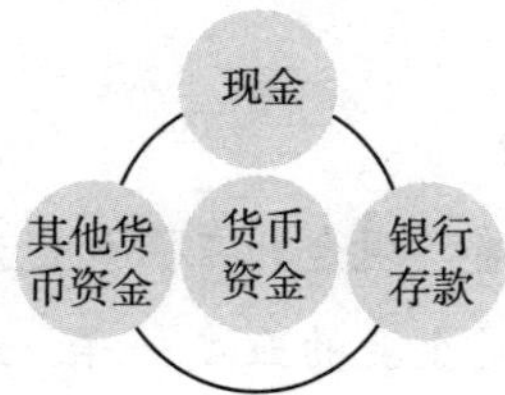

图 2–1　货币资金分类

（二）现金管理制度的内容

小企业的现金是指由财务或会计部门的出纳人员保管的货币。现金是流动性最强的资产，小企业应严格遵守国家有关现金管理制度，正确进行现金收支的会计核算，监督现金使用的合法性与合理性，防止现金管理中各种违法乱纪行为的发生。根据国务院发布的《现金管理暂行条例》的规定，现金管理制度的主要内容如图 2–2 所示。

- 现金管理制度
  - 现金的使用范围
    - （1）职工工资、津贴
    - （2）个人劳务报酬
    - （3）根据国家规定颁发给个人的科学技术、文化艺术、体育等各种奖金
    - （4）各种劳保、福利费用以及国家规定的对个人的其他支出
    - （5）向个人收购农副产品和其他物资的款项
    - （6）出差人员必须随身携带的差旅费
    - （7）结算起点以下的零星支出
    - （8）中国人民银行规定需要支付现金的其他支出。除上述情况可以用现金支付外，其他款项的支付应通过银行转账结算
  - 库存现金的限额
    - （1）库存现金的限额是指为了保证日常零星开支的需要，允许小企业留存现金的最高数额
    - （2）各小企业现金库存限额应根据企业规模、业务量、日常零星开支现金需要量以及企业距离开户银行远近等条件予以核定
    - （3）开户银行根据小企业的实际情况，一般按照3～5天日常零星开支的需要确定。边远地区和交通不便地区小企业的库存现金限额，可多于5天，但不得超过15天的日常零星开支
    - （4）核定后的库存现金限额，小企业必须严格遵守，超过部分应于当日终了前存入银行。需要增加或减少库存现金限额的小企业，应向开户银行提出申请，由开户银行核定
  - 现金收支的规定
    - （1）小企业收到现金，应于当日送存开户银行，当日送存确有困难的，由开户银行确定送存时间
    - （2）小企业支付现金，可以从本单位库存现金中支付或从开户银行提取，不得从本单位的现金收入中直接支付，即不得“坐支”，因特殊情况需要“坐支”现金的单位，应事先报经开户银行审查批准，由开户银行核定坐支范围和限额，坐支单位应按月向开户银行报送坐支金额及其使用情况
    - （3）小企业从开户银行提取现金时，应如实写明提取现金的用途，由本单位财会部门负责人签字盖章，并经开户银行审查批准后予以支付
    - （4）不准用不符合财务制度的凭证顶替库存现金，即不得“自条顶库”；不准谎报用途套取现金；不准用银行账户代其他单位和个人存入或支取现金；不准用单位收入的现金以个人名义存入储蓄，不准保留账外公款，即不得“公款私存”，不得设置“小金库”等
    - （5）银行对于违反上述规定的单位，将按照违规金额的一定比例予以处罚

图 2-2　库存现金管理制度的主要内容

（三）现金的总分类核算

小企业为了从总体上反映现金的收入、支出和结存情况，应设置“库存现金”总分类科目。其内容如图 2–3 所示。

借方登记现金的增加，贷方登记现金的减少，借方余额表示期末库存现金的金额

小企业内部各部门周转使用的备用金，可通过“其他应收款”或“备用金”科目核算，不在“现金”科目中核算

小企业应设置“库存现金”科目进行现金收入与支出的核算

收取现金时，借记“库存现金”科目，贷记有关科目；
支付现金时，借记有关科目，贷记“库存现金”科目

图 2–3 库存现金的总分类核算

（四）现金的明细分类核算

为了系统、全面、连续、详细地反映有关现金的收支情况，应设置“现金日记账”。出纳人员根据审核无误的收款凭证、付款凭证，按照业务发生的先后顺序逐日逐笔登记现金日记账。每日终了，计算现金收入合计、现金支出合计及结余数，并同库存现金数核对，保证账款相符。

现金日记账的要求如图 2–4 所示。

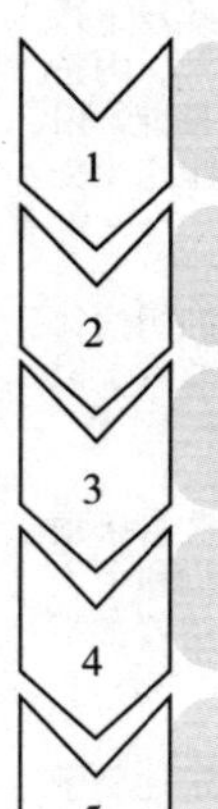

现金日记账必须是订本账，一般采用三栏式账页

借方栏根据现金收款凭证登记，贷方栏根据现金付款凭证登记

但对于从银行提取现金的业务因为只编制银行存款付款凭证，故此应根据银行存款付款凭证登记现金日记账的借方栏

每次办理完收付款业务应及时结出账面余额

每日终了，将账面余额与库存现金数核对，月末与现金总账核对，做到账款相符账账相符

图 2–4 库存现金日记账的要求

（五）现金清查的会计核算

现金清查是指对库存现金的盘点与核对，包括出纳人员每日终了前进行的现金账款核对和清查小组进行的定期或不定期的现金盘点、核对。现金清查一般采用实地盘点法。清查小组清查时，出纳人员必须在场，清查的内容主要是检查是否有挪用现金、白条抵库、超限额留存现金，以及账款是否相符等。

对于现金清查的结果，应编制现金盘点报告单，注明现金溢缺的金额，并由出纳人员和盘点人员签字盖章。如果有挪用现金、白条抵库情况，应及时予以纠正；对于超限额留存的现金要及时送存银行；如果账款不符，应及时查明原因，如为现金短缺，属于应由责任人赔偿的部分，借记“其他应收款”或“库存现金”等科目，按实际短缺的金额扣除应由责任人赔偿的部分后的金额，借记“管理费用”科目，贷记“库存现金”科目；如为现金溢余，应按实际溢余的金额，借记“库存现金”科目，属于应支付给有关人员或单位的，贷记“其他应付款”科目，现金溢余金额超过应付给有关单位或人员的部分，贷记“营业外收入”科目（表 2–1）。

表 2–1　库存现金相关业务账务处理一览表

库存现金	
业务1	从银行提取现金，按支票存根记载的提取金额： 借：库存现金（实际收到的现金金额） 　贷：银行存款（实际支取的银行存款金额）
业务2	将现金存入银行，按银行退回给收款单位的收款凭证联上的金额： 借：银行存款 　贷：库存现金
业务3	因支付职工出差费用等原因所需的现金，按支出凭证所记载的金额： 借：其他应收款等 　贷：库存现金 收到出差人员交回的差旅费剩余款并结算时： 借：库存现金（按实际收回的现金） 　　管理费用（按应报销的金额） 　贷：其他应收款（按实际借出的现金）

续表

库存现金	
业务4	每日终了结算现金收支、财产清查等发现的现金短缺或溢余： （1）如为现金短缺： 借：其他应收款（按应由责任人赔偿的部分） 　　管理费用（按实际短缺的金额扣除应由责任人赔偿的部分后的金额） 　　贷：库存现金（按实际短缺的金额） （2）如为现金溢余： 借：库存现金（按实际溢余的金额） 　贷：其他应付款（按应支付给有关人员或单位的部分） 　　营业外收入（按实际溢余的金额超过应支付给有关人员或单位的部分后的金额）

例 2–1：

库存现金清查后，发现库存现金比账面余额多出 300 元，无法查明原因。

借：库存现金　　300

　贷：营业外收入——现金溢余　　300

例 2–2：

库存现金清查后，发现库存现金比账面余额短缺 400 元，经查明，应由该出纳员赔偿金额 150 元，另外 250 元属于无法查明的其他原因。

借：管理费用——现金短缺　　250

　　其他应收款——×××　　150

　贷：库存现金　　400

例 2–3：

收到上述出纳人员赔款 150 元。

借：库存现金　　150

　贷：其他应收款——×××　　150

第二节　放在银行的钱
——银行存款

（一）银行结算制度的主要内容

银行存款是指小企业存放于银行或其他金融机构的货币资金。按国家规定，企业除了留存少量库存现金以供日常零星开支需要外，其余现金都应存入银行。

目前小企业可使用的支付结算方式很多，详见图 2–5。

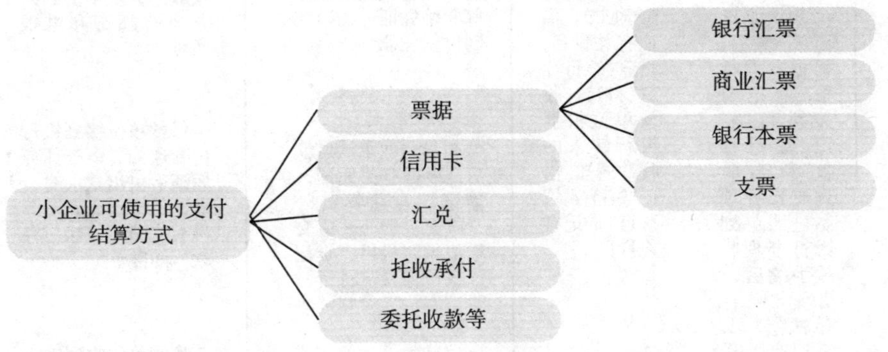

图 2–5　小企业可使用的支付结算方式

上述内容中，商业汇票的会计核算将分别在应收票据和应付票据的会计核算中介绍，银行汇票、银行本票和信用卡的会计核算则将在其他货币资金的核算中说明。下面先就支票和汇兑、托收承付、委托收款等结算方式的核算予以重点介绍。

（二）银行存款的总分类核算

为了总括反映银行存款的收付及其结存情况，应设置“银行存款”科目，向银行存入款项时借记本科目，贷记有关科目；从银行支出款项时借记有关科目，贷记“银行存款”科目（图 2–6）。

1.支票

- 支票是出票人签发的，委托办理支票存款业务的银行在见票时无条件支付确定的金额给收款人或持票人的票据
- 支票分为现金支票、转账支票、普通支票、划线支票
- 小企业开出支票后，根据支票存根，借记有关科目，贷记“银行存款”科目；收到支票并填制进账单到银行办理收款手续后，借记“银行存款”科目，贷记有关科目

2.汇兑

- 汇兑是汇款人委托银行将其款项支付给收款人的结算方式
- 单位和个人各种款项的结算均可使用汇兑结算方式
- 汇兑分为信汇、电汇两种，汇款人可自行选择。付款单位根据银行签发的汇票回单，借记有关科目，贷记“银行存款”科目；收款单位根据银行转来的收款通知，借记“银行存款”科目，贷记有关科目

3.托收承付

- 托收承付是根据购销合同由收款人发货后委托银行向异地付款人收取款项，由付款人对银行承认付款的结算方式
- 采用托收承付结算时，收款单位对于托收款项，根据银行的收账通知和有关的原始凭证，据以编制收款凭证；付款单位对于承付的款项，应于承付时根据托收承付结算凭证的承付支款通知和有关发票账单等原始凭证，据以编制付款凭证
- 付款企业承认付款后，根据有关凭证，借记“在途物资”“应交税费——应交增值税”科目，贷记“银行存款”科目
- 销货企业收到银行转来的收款通知和有关托收结算凭证，借记“银行存款”科目，贷记“应收账款”等科目

4.委托收款

- 委托收款是收款人委托银行向付款人收取款项的结算方式
- 单位和个人凭已承兑商业汇票、债券、存单等付款人债务证明办理款项的结算，均可以使用委托收款结算方式
- 委托收款在同城、异地均可使用。委托收款结算款项的划回方式有邮寄和电报两种
- 付款单位接到银行付款通知、审查债务凭证后付出款项时，借记“应付账款”等科目，贷记“银行存款”科目
- 收款单位收到银行收款通知后，根据有关凭证借记“银行存款”科目，贷记“应收账款”等科目

图 2-6　银行存款的总分类核算

（三）银行存款的明细分类核算

为了全面、系统、连续、详细地反映有关银行存款收支的情况，小企业应设置“银行存款日记账”，由出纳人员根据审核无误的银行存款收付款凭证，按照业务发生的先后顺序逐日逐笔登记。银行存款日记账必须是订本

账，一般采用三栏式账页，借方栏根据银行存款收款凭证登记，贷方栏根据银行存款付款凭证登记。每日终了时应计算银行存款收入合计、银行存款支出合计及结余数，定期与银行转来的对账单核对相符。

例 2–4：

某小企业用银行存款购入材料一批，价款 60000 元，增值税 7800 元（增值税税率为 13%），已通过银行付款，材料已验收入库。做会计分录如下：

借：原材料　60000

　应交税费——应交增值税（进项税额）　7800

　贷：银行存款　67800

例 2–5：

该小企业用银行存款 50000 元，购置一台新机器设备。做会计分录如下：

借：固定资产　50000

　贷：银行存款　50000

例 2–6：

该小企业收到某购货方归还以前所欠货款 20000 元。做会计分录如下：

借：银行存款　20000

　贷：应收账款　20000

例 2–7：

某小企业向银行借款 200000 元，已存入银行。做会计分录如下：

借：银行存款　200000

　贷：短期借款　200000

例 2-8：

某小企业收到开户银行通知，收到上级国家资产管理部门投入资金 500000 元。做会计分录如下：

借：银行存款　　500000

　贷：实收资本　　500000

（四）银行存款的清查

银行存款的清查是指小企业银行存款日记账的账面余额与其开户银行转来的对账单的余额进行的核对。双方余额不一致的原因除记账错误外，还因为存在未达账项。所谓未达账项，是指由于小企业与银行取得有关凭证的时间不同，而发生的一方已经取得凭证登记入账，另一方由于未取得凭证尚未入账的款项，具体情况如图 2-7 所示。

（1）小企业已收款入账，银行尚未收款入账。如小企业已将销售产品收到的支票送存银行，对账前银行尚未入账的款项

（2）小企业已付款入账，银行尚未付款入账。如小企业开出支票购货，根据支票存根已登记银行存款的减少，而银行尚未接到支票，未登记银行存款减少

（3）银行已收款入账，小企业尚未收款入账。如银行收到外单位采用托收承付结算方式购货所付的款项，已登记入账，小企业未收到银行通知而未入账的款项

（4）银行已付款入账，小企业尚未付款入账。如银行代小企业支付的购料款，已登记小企业银行存款的减少，而小企业因未收到凭证尚未记账的款项

图 2-7　银行存款清查的几种情况

对上述未达账项应通过编制“银行存款余额调节表”进行检查核对，如没有记账错误，调节后的双方余额应相等。表 2-2 为银行存款相关业务账务处理一览表。

表 2–2　银行存款相关业务账务处理一览表

银行存款	
业务 1	以银行存款支付费用、偿还债务时： 借：相关科目（实际支付的金额） 　贷：银行存款（实际支付的金额）
业务 2	发生的存款利息，根据银行通知及时编制收款凭证： 借：银行存款 　贷：财务费用 如为购建固定资产的专门借款发生的存款利息，在所购建的固定资产达到预定可使用状态之前，应冲减在建工程成本： 借：银行存款 　贷：在建工程

例 2–9：

某小企业 2019 年 12 月 31 日银行存款日记账的余额为 35250 元，银行转来对账单的余额为 63750 元。经逐笔核对，发现以下未达账项：

（1）小企业送存转账支票 30000 元，并已登记银行存款增加，但银行尚未记账。

（2）小企业开出转账支票 22500 元，但持票单位尚未到银行办理转账，银行尚未记账。

（3）小企业委托银行代收某公司购货款 37500 元，银行已收妥并登记入账，但小企业尚未收到收款通知，尚未记账。

（4）银行代小企业支付电话费 1500 元，银行已登记小企业银行存款减少，但小企业未收到银行付款通知，尚未记账。

根据上述资料编制“银行存款余额调节表”见表 2–3。

表 2-3 银行存款余额调节表

项目	金额	项目	金额
小企业银行存款日记账余额	35250	银行对账单余额	63750
加：银行已收、小企业未收款	37500	加：小企业已收、银行未收款	30000
减：银行已付、小企业未付款	1500	减：小企业已付、银行未付款	22500
调节后的存款余额	71250	调节后的存款余额	71250

第三节 还有哪些钱呢
——其他货币资金

其他货币资金是指小企业除现金、银行存款以外的各种货币资金，主要包括外埠存款、银行本票存款、银行汇票存款、信用证保证金存款、信用卡存款和存出投资款等。为了反映和监督小企业其他货币资金的结支和结存情况，应设置“其他货币资金”账户，借方登记增加数，贷方登记减少数，期末贷方余额反映小企业实际持有的其他货币资金。同时，在“其他货币资金”总账下，应设置“外埠存款”“银行汇票”“银行本票”等明细科目，并按外埠存款的开户银行汇票、银行汇票或本票的收款单位等设置明细账。

（一）外埠存款的概念

外埠存款是指小企业为了到外地进行临时或零星采购，汇往采购地所开立的采购专户的款项。小企业将款项委托当地银行汇往采购地开立专户时，借记“其他货币资金”科目，贷记“银行存款”科目。收到采购人员交来供应单位发票等报销凭证时，借记“在途物资”“原材料”“库存商品”“应交税费——应交增值税（进项税额）”等科目，贷记“其他货币资金”科目。将多余的外埠存款转回当地银行时，根据银行的收账通知，借记“银行存款”科目，贷记“其他货币资金”科目。

例 2-10：

某小企业到外地某市采购，汇往该市某银行办事处资金 78000 元，采购员赴该市采购各种物资共 70200 元，支取差旅费 5000 元，采购结束，银行将余款转回采购企业开户银行。做会计分录如下：

汇出采购资金时：

借：其他货币资金——外埠存款　　78000

　贷：银行存款　　78000

收到采购员交来的发票账单：

借：在途物资　　60000

　　应交税费——应交增值税（进项税额）　　7800

　　其他应收款——某采购员　　5000

　贷：其他货币资金——外埠存款　　72800

收到银行转账通知，余款已转回：

借：银行存款　　5200

　贷：其他货币资金——外埠存款　　5200

采购员回来，报销差旅费：

借：管理费用　　5000

　贷：其他应收款——某采购员　　5000

（二）银行汇票存款的核算

银行汇票是指由小企业为取得银行汇票按规定存入银行的款项。小企业向银行申请办理银行汇票时，应填写“银行汇票委托书”，将款项交存出票银行。其会计处理如图 2-8 所示。

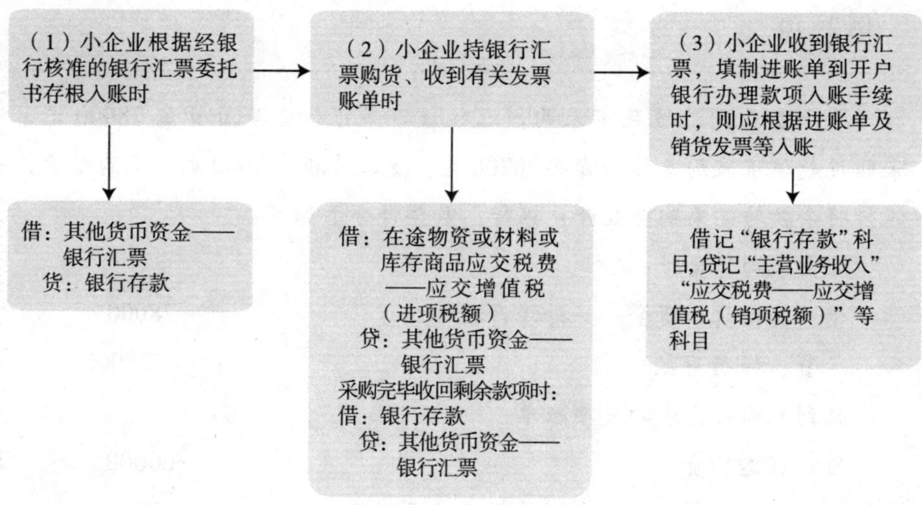

图 2–8　银行汇票存款的会计核算

（三）银行本票存款的会计核算

银行本票是指小企业为取得银行本票按规定存入银行的款项。银行本票分为不定额本票和定额本票两种，采用银行本票进行结算时，小企业应填写“银行本票委托书”，将款项交存银行。其会计处理如图 2–9 所示。

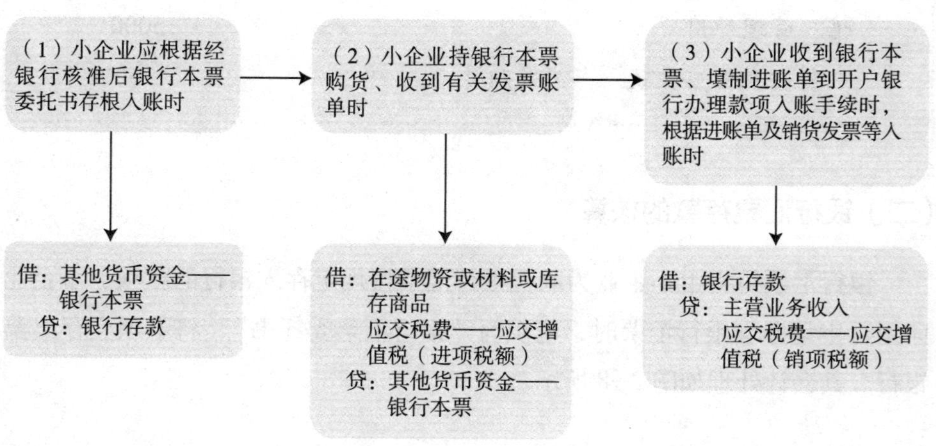

图 2–9　银行本票存款的会计核算

（四）信用证保证金存款的核算

信用证保证金存款是指购货方或进出口人申请银行开立信用证时，按银行规定交存的一笔押金。其会计处理如图 2-10 所示。

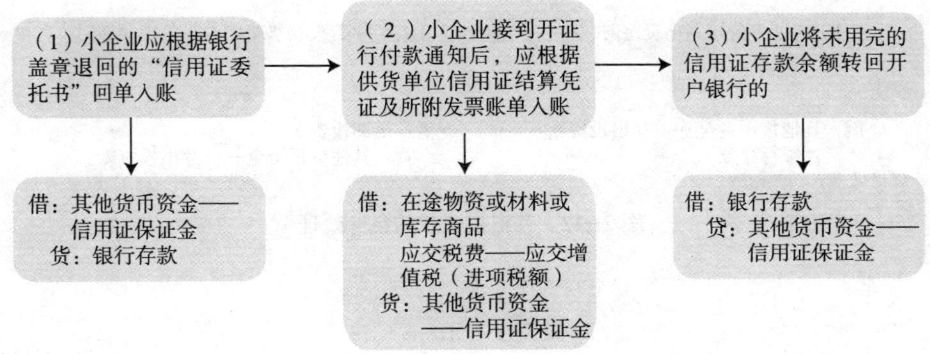

图 2-10　信用证保证金存款的核算

（五）信用卡存款的核算

信用卡存款是指小企业为取得信用卡而存入银行信用卡专户的款项。小企业应填制“信用卡申请表”，连同支票和有关资料一并送存发卡银行，领取信用卡。其会计处理如图 2-11 所示。

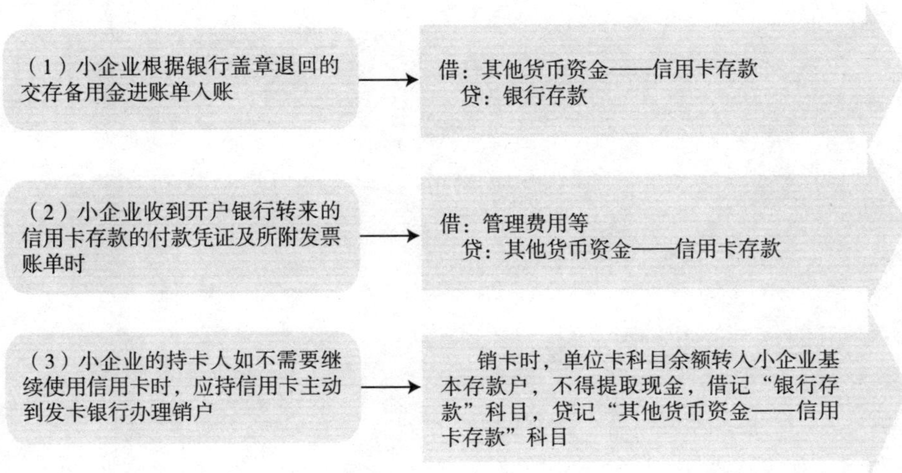

图 2-11　信用卡存款的核算

（六）存出投资款的核算

存出投资款是指小企业已存入证券公司但尚未进行短期证券投资的资金。其会计处理如图 2-12 所示。

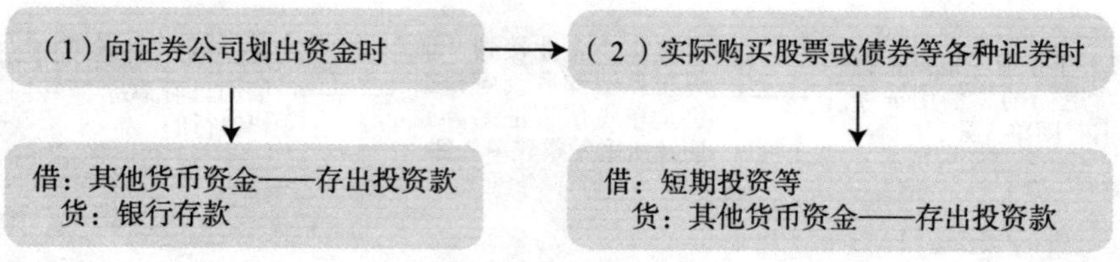

图 2-12　存出投资款的会计处理

第三章 应收款项，利润焦点
——应收款项的会计核算

● 全章概览

在初中政治课上，老师都会描述这样一个场景：一个人牵着两头羊与另一个人牵着的一头牛交换，这也就是所谓的“等价交换”。在这个过程中也体现出即时交易，即一手交钱一手交货。但随着商业信用的出现，应收款项便应运而生，从而产生了购买行为与支付行为在时空上的分离。

应收款项的表现形式多种多样，其中包括有应收票据、应收账款、预付账款及其他应收款，它们各自的会计处理是怎样的呢？赊销产生了应收款项，这其中不可避免地存在着收账风险，考虑到会计的谨慎性原则，于是出现了坏账准备，那么坏账准备是如何计提以及坏账是如何管理的呢？带着这些问题，让我们进入到第三章的学习。

第一节　小小票据，不可小视

（一）应收票据及其分类

应收票据的概念及分类如图 3-1 所示。

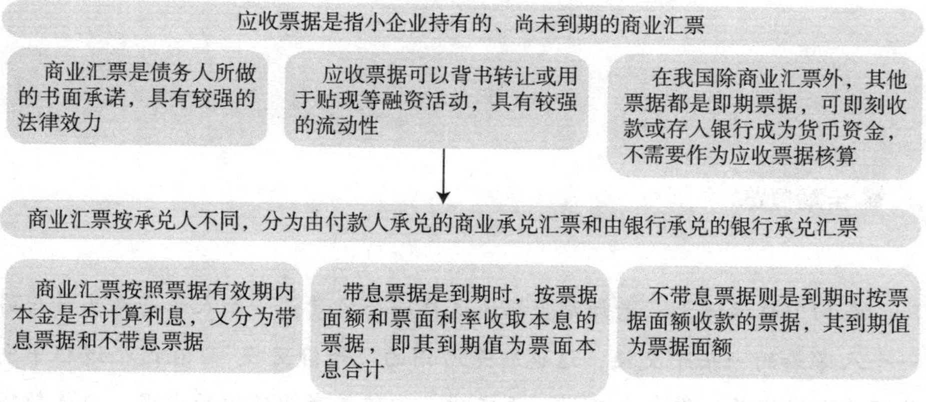

图 3-1　应收票据的概念及分类

（二）应收票据的会计核算

为了反映和监督小企业应收票据的取得和回收情况，小企业应当设置“应收票据”科目，该科目核算小企业因销售商品、产品、提供劳务等而收到的商业汇票。“应收票据”的借方登记收到的应收票据面值及计提的利息，贷方登记到期收回、到期前向银行贴现或转入应收账款的票据面值及利息。科目期末借方余额，反映小企业持有的商业汇票的票面价值和应计利息。

小企业应当按照商业汇票的种类设置明细科目，并设置“应收票据备查簿”，逐笔登记每一张应收票据的种类、号数和出票日期、票面金额、票面利率、交易合同号和付款人、承兑人、背书人的姓名或单位名称、到期日、背书转让日、贴现日期、贴现率和贴现净额、应计提的利息，以及收款日期和收回金额、退票情况等资料，应收票据到期结清票款或退票后，应当在备查簿内逐笔注销。

应收票据的会计核算包括以下几方面的内容。

1. 应收票据的取得

按应收票据取得的不同原因，应做不同的会计处理。因债务人以票据抵偿前欠货款而取得的应收票据，借记“应收票据”科目，贷记“应收账款”科目；因小企业销售商品、产品、提供劳务等而收到开出、承兑的商业汇票，应按应收票据的面值入账，借记“应收票据”科目，按实现的营业收入，贷记“主营业务收入”等科目，按专用发票上注明的增值税额，贷记“应交税费——应交增值税（销项税额）”等科目。

例 3–1：

某小企业（一般纳税企业）销售一批产品给 A 公司，货已发出，贷款 50000 元，增值税为 6500 元（增值税税率为 13%）。按合同规定,3 个月以后付款。A 公司交给该小企业一张不带息 3 个月到期的商业承兑汇票，面额 56500 元。该小企业的会计分录如下：

收到商业承兑汇票时：

借：应收票据	56500	
贷：主营业务收入		50000
应交税费——应交增值税（销项税额）		6500

3 个月后，票据到期，小企业收回款项 56500 元，存入银行：

借：银行存款	56500	
贷：应收票据		56500

若到期时 A 公司无力偿还票款，应将到期票据的面额转入“应收账款”：

借：应收账款——A 公司	56500	
贷：应收票据		56500

2. 应收票据的计息

收到带息应收票据，除按上述原则进行处理外，还应于期末，按应收票据的票面价值和确定的利率计提利息，增加应收票据的余额。借记“应收票据”科目，贷记“财务费用”科目。到期不能收回的带息应收票据，应转入“应收账款”科目，期末不计提利息，待实际收到账款时再将计提的利息冲减财务费用。票据利息计算公式如下：

应收票据利息=应收票据面值 × 票面利率 × 期限

例 3–2：

接例 3–1，若 A 公司交给该小企业的商业承兑汇票的票面利率为 5%，则每月月末做以下会计处理：

票据利息＝ 56500 × 5% ÷ 12 ＝ 235.42（元）

借：应收票据　　235.42

　贷：财务费用　　235.42

3. 应收票据的贴现

应收票据的贴现是指票据的持有人因急需资金，将未到期的商业汇票背书后转让给银行，银行受理后，从票面金额中扣除按银行的贴现率计算确定的贴现息后，将余额付给小企业的业务。票据贴现实质上是为企业融通资金的一种方式。

票据贴现的有关计算公式如图 3–2 所示。

1.不带息票据

贴现净额＝票据面值–贴现利息
贴现利息＝票据面值 × 贴现率 × 贴现期
贴现期＝票据期限–企业已持有的票据期限

2.带息票据

贴现净额＝票据到期值–贴现利息
贴现利息＝票据到期 × 贴现率 × 贴现期
贴现期＝票据期限–企业已持有的票据期限
票据到期值＝票据面值+票据利息＝票据面值 ×（1+票面利率 × 票据期限）

图 3–2　票据贴现的有关计算公式

按照中国人民银行《支付结算办法》的规定，实付贴现金额按到期价值扣除贴现日至票据到期前一日利息计算。承兑人在异地的，贴现利息的计算期应另加 3 天的划款期。票据贴现会计处理如图 3-3 所示。

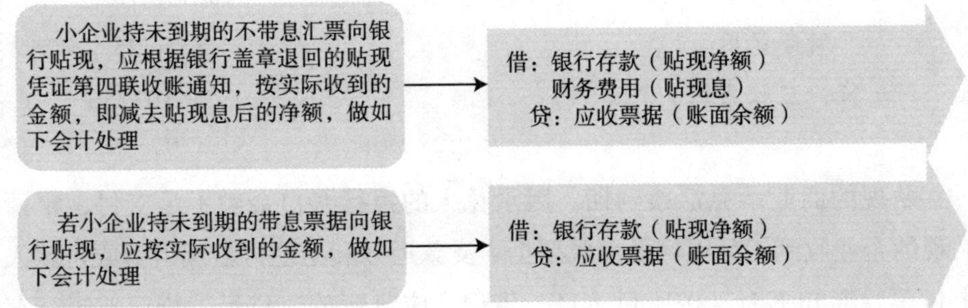

图 3-3　票据贴现会计处理

例 3-3：

某小企业于 2019 年 6 月 10 日将一张 3 月 10 日签发，5 个月期限，票面价值 100000 元的不带息商业汇票向银行贴现，银行贴现率为 9%。会计分录如下：

贴现期为 2 个月。

贴现利息 =100000×9% ×2/12=1500（元）

贴现净额 =100000−1500=98500（元）

借：银行存款	98500
财务费用	1500
贷：应收票据	100000

例 3-4：

若上例中，贴现的票据为带息票据，票面利率为 9%，其他条件不变。则会计分录如下：

到期值 =100000×（1 + 9% ×5/12）=103750（元）

贴现利息 =103750×9% ×2/12=1556.25（元）

贴现净额 =103750−1556.25=102193.75（元）

借：银行存款　　102193.75

　　财务费用　　1556.25

　贷：应收票据　　103750

贴现的商业承兑汇票到期，因承兑人的银行账户余额不足支付，申请贴现的企业收到银行退回的应收票据、支款通知和拒绝付款理由书或付款人未付票款通知书时，按所付本息，借记“应收账款”科目，贷记“银行存款”科目；如果申请贴现企业的银行存款账户余额不足，银行做逾期贷款处理时，应按转作贷款的本息，借记“应收账款”科目，贷记“短期借款”科目。

4. 应收票据的转让

企业需采购物资或抵偿债务，但无足够的货币资金时，可以将持有的未到期的应收票据背书转让，即在应收票据的背面签字后转让给收款人。但在票据到期时，如果票据的签发人无力支付票款，则背书人应负连带责任。

小企业将持有的应收票据背书转让取得所需物资时，按应计入取得物资成本的价值，借记“材料”“库存商品”等科目，按专用发票上注明的增值税额，借记“应交税费——应交增值税（进项税额）”科目，按应收票据的账面余额，贷记“应收票据”科目，按实际收到或支付的金额，借记或贷记“银行存款”等科目。

如为带息应收票据，将持有的应收票据背书转让取得所需物资时，按应计入取得物资成本的价值，借记“材料”“库存商品”等科目，按专用发票上注明的增值税额，借记“应交税费——应交增值税（进项税额）”科目，按应收票据的账面余额，贷记“应收票据”科目，按尚未计提的利息，贷记“财务费用”科目，按实际收到或支付的金额，借记或贷记“银行存款”等科目。

企业应当设置“应收票据备查簿”，逐笔登记每一应收票据的种类、号数和出票日期、面值、利率、承兑人、贴现率和贴现净额、未计提的利息，以及收款日期和收回额、退票情况等资料，应收票据到期结清票款或退票后，应当在备查簿中注销。

5. 应收票据到期

应收票据到期，应根据以下不同的情况做相应会计处理：

（1）收回应收票据，按实际收到的金额，借记“银行存款”科目，按应收票据的账面余额，贷记“应收票据”科目，按其差额，贷记“财务费用”科目。

例 3-5：

某小企业持有的不带息，面额为 50000 元，期限 6 个月的商业汇票到期，收到贷款 51000 元，做会计分录如下：

借：银行存款　　51000

　贷：应收票据　　50000

　　　财务费用　　1000

（2）因付款人无力支付票款，收到银行退回的商业承兑汇票、委托收款凭证、未付票款通知书或拒绝付款证明等，按应收票据的账面余额，借记“应收账款”科目，贷记“应收票据”科目。

例 3-6：

某小企业持有的一张面值为 50000 元，6 个月期限的商业承兑汇票，到期未能收到票款。做会计分录如下：

借：应收账款　　50000

　贷：应收票据　　50000

（3）到期不能收回的带息应收票据，转入“应收账款”科目核算后，期末不再计提利息，其应计提的利息，在有关备查簿中进行登记，待实际收到时冲减收到当期的财务费用。

例 3-7：

某小企业持有的一张面值为 50000 元，6 个月期限，利率 8%的商业承兑汇票，到期未能收到票款。做会计分录如下：

借：应收账款　　52000

　贷：应收票据　　52000

需要说明的是，小企业持有的应收票据，不得计提坏账准备。到期不能收回的应收票据，待转入应收账款后，再按规定计提坏账准备。如有确凿证据表明企业持有的未到期应收票据不能够收回或收回的可能性不大时，也应在转入应收账款后，计提相应的坏账准备。

第二节　换个视角看应收账款
——另一种融资方式

（一）应收账款的确认与核算

应收账款是指小企业在正常经营活动中，因销售商品、产品、提供劳务等，应向购货单位或接受劳务单位收取的款项，包括向客户收取的货款、增值税款和为客户代垫的运杂费。在资产负债表上，应收账款列为流动资产，其范围是指那些预计在一年或超过一年的一个营业周期内收回的应收款项。应收账款的确认与核算流程如图 3-4 所示。

核算应收账款，应确定入账时间和入账价值，即应收账款应于销售收入实现时按销售收入的实际发生额计价入账，以保证正确反映应收账款的形成、收回情况，合理地确认、计量坏账损失。在计算商业折扣时，应当扣除有关的折扣和折让因素

↓

小企业应设置“应收账款”科目，核算应收账款的增减变动及结果。不单独设置“预收账款”科目的小企业，预收的款项也在“应收账款”科目核算。该科目借方登记企业因销售商品、产品、提供劳务等而应收取的款项，企业代购货方垫付的包装费、运杂费等代垫的费用，贷方登记应收账款的收回及确认的坏账损失

↓

科目期末借方余额，反映小企业尚未收回的应收账款；期末如为贷方余额，反映小企业预收的款项。按不同的购货单位或接受劳务的单位及其他应收款的项目分类，“应收账款”科目应按不同的债务人设置明细账，进行明细核算

↓

小企业发通过应收账款时，按应收金额，借记“应收账款”科目，按实现的销售收入，贷记“主营业务收入”“其他业务收入”等科目，按专用发票上注明的增值税额，贷记“应交税费——应交增值税（销项税额）”科目；收回应收账款时，借记“银行存款”等科目，贷记“应收账款”科目

↓

小企业代购货单位垫付的包装费、运杂费等，借记“应收账款”科目，贷记“银行存款”等科目；收回代垫费用时，借记“银行存款”科目，贷记“应收账款”科目

↓

小企业应收款项改用商业汇票结算，在收到承兑的商业汇票时，按票面价值，借记“应收票据”科目，贷记“应收账款”科目

图 3–4　应收账款的确认与核算流程

例 3–8：

某小企业于 2019 年 6 月 15 日赊销给 A 公司一批产品，贷款为 2000000 元，应收取增值税额 260000 元（增值税税率 13%），以银行存款代垫运杂费 10000 元。会计分录如下：

借：应收账款——B 公司　　2270000

　贷：主营业务收入　　2000000

　　应交税费——应交增值税（销项税额）　　260000

　　银行存款　　10000

6 月 20 日，A 公司签发了一张面值为 2270000 元，期限为 3 个月的不带息票据。则某公司应做会计分录如下：

借：应收票据　　2270000

　贷：应收账款——B 公司　　2270000

（二）应收账款的融资

应收账款融资是以应收账款作为担保品来筹措资金的一种方法，具体分为应收账款抵押和应收账款让售。应收账款抵押融资的做法是指由借款企业（有应收账款的企业）与经办这项业务的银行或公司订立合同，企业以应收账款作为担保，在规定期限内（通常为一年）企业向银行借款融资。应收账款让售是指企业将应收账款出让给专门的以购买应收款为业的应收款托收售贷公司，以筹集资金。

《小企业会计准则》中对以应收债权融资会计处理进行了规定。以应收债权融资是小企业为尽快收回现金，以应收债权转移给银行等金融机构，实现提早变现的融资方式。根据应收债权融资的不同形式。

1. 应收账款抵押融资

在这种方式下，应按照实际收到的款项，借记“银行存款”科目，按实际支付的手续费，借记“财务费用”科目，按银行借款本金并考虑借款期限，贷记“短期借款”等科目。

例 3-9：

某小企业将一笔 1000000 元的应收账款作为质押向银行借款，银行根据应收账款的质量同意提供 1 年期借款 750000 元，并要求企业按质押的应收账款总额的 1% 支付手续费，手续费在放款时提前扣除，这项经济业务的会计分录如下：

借：银行存款　　740000

　　财务费用　　10000

　贷：短期借款　　750000

2. 应收账款让售

应收账款让售就是出售应收账款，即指企业通过向金融机构出售自己拥有的应收账款筹措资金的一种筹资方式。目前在我国，应收账款让售这种融资方式还没有得以广泛应用，但未来的发展广阔。

一般来说，应收账款让售可分为无追索权让售和有追索权让售两种情况（图 3–5）。

无追索权让售

无追索权让售是指应收账款购买方即金融机构要承担收取应收账款的风险，即承担应收账款的坏账损失，而出售方则承担销售折扣、销售折让或销售退回的损失

为此，金融机构在购买应收账款时，一般要按一定比例预留一部分余款，以备抵让售方应承担的销售折扣、折让或退回的损失，待实际发通过销售折扣、折让或退回时，再予以冲销

因此，在会计处理上，出售方企业应按实际收到的款项增加货币资金，支付的手续费计入“财务费用”，金融机构预留的款项计入“其他应收款”，并冲减应收账款的账面价值，待金融机构实际收到应收账款时，再根据实际发通过销售折扣、折让或退回的具体情况，同出售方企业进行最后结算

有追索权让售

有追索权让售是指出售方企业应承担向购买者即金融机构偿付的责任，在已让售应收账款上发生的任何坏账损失，均应由让售方企业承担

由于金融机构对无法偿付的应收账款具有追索权，对于这类出售业务，根据其性质不同也有两种不同的会计处理方法：一是按销售业务处理，即在交易发生时注销应收账款，同时将金融机构收取的手续费确认为当期费用；二是按借款业务处理，即在交易发生时不注销应收账款，而是增加一个负债类账户，一般记入其他应付款或应付票据，金融机构收取的手续费作为融资成本，需要在应收账款持有期内摊销

图 3–5 应收账款让售分类

例 3–10：

某企业于 2019 年 1 月 1 日将 500000 元的应收账款以无追索权方式出售给当地某家银行，该银行按应收账款面值的 4% 收取手续费，并按应收账款面值的 5% 预留账款，以备抵可能发生的销售折扣、折让或退回；2019 年 5 月 10 日，该银行实收账款 480000 元，发生销售折扣、折让和销售退回 17550 元（含税金额，增值税税率为 13%），实际发生坏账

损失 2450 元；2019 年 6 月 1 日该企业与银行进行最后结算。根据上述资料，该企业会计处理如下：

2019 年 1 月 1 日出售应收账款：

借：银行存款　455000
　其他应收款　25000
　财务费用　20000
　贷：应收账款　500000

2019 年 5 月 10 日收到款项，实际发生销售折扣、折让和销售退回：

借：主营业务收入　15530.97
　应交税费——应交增值税（销项税额）　2019.03
　贷：其他应收款　17550

2019 年 6 月 1 日与工商银行进行最后结算：

银行应补付的资金 =25000−17550=7450（元）

借：银行存款　7450
　贷：其他应收款　7450

第三节　还有哪些应收款项呢
——预付账款与其他应收款

（一）预付账款及其会计处理

预付账款是指小企业按照购货合同或劳务合同的规定，预先付给供应单位的款项。

为了反映预付款项的支付和结算业务，小企业可通过“应付账款”账户予以核算。根据《小企业会计准则》的规定，预付款项较多的小企业，也可设置“预付账款”科目，具体如图 3−6 所示。

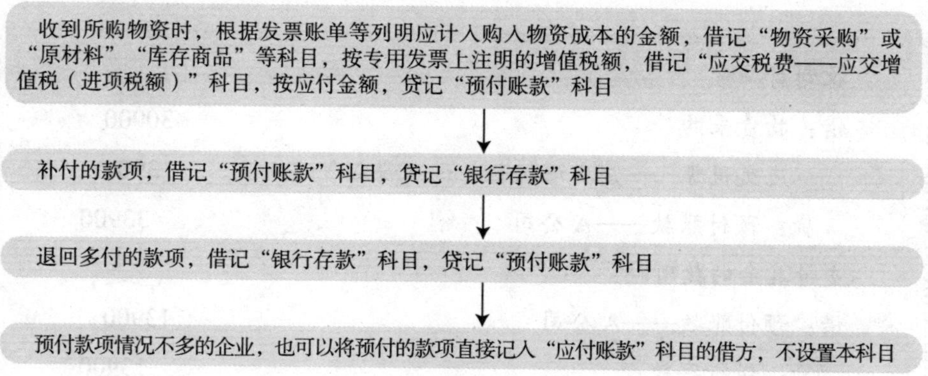

收到所购物资时，根据发票账单等列明应计入购入物资成本的金额，借记“物资采购”或“原材料”“库存商品”等科目，按专用发票上注明的增值税额，借记“应交税费——应交增值税（进项税额）”科目，按应付金额，贷记“预付账款”科目

↓

补付的款项，借记“预付账款”科目，贷记“银行存款”科目

↓

退回多付的款项，借记“银行存款”科目，贷记“预付账款”科目

↓

预付款项情况不多的企业，也可以将预付的款项直接记入“应付账款”科目的借方，不设置本科目

图 3–6 “预付账款”会计处理

“应付账款”和“预付账款”科目的期末余额反映小企业实际预付的款项，属于资产，在编制会计报表时，应列示在“预付账款”项目；“应付账款”和“预付账款”科目的期末贷方余额反映企业尚欠支付的金额，属于负债，在编制会计报表时，应列示在“应付账款”项目。“预付账款”科目应按供应单位设置明细账，进行明细核算。

企业的预付账款，如有确凿证据表明其不符合预付账款性质，或者因供货单位破产、撤销等原因已无望再收到所购货物的，应将原计入预付账款的金额转入其他应收款。企业应按预计不能收到所购货物的预付账款账面余额，借记“其他应收款——预付账款”，贷记本科目。除转入“其他应收款”科目的预付账款外，其他预付账款不得计提坏账准备。

例 3–11：

某企业 2019 年 7 月 10 日根据购货合同向 A 公司预付货款 20000 元。5 月 10 日收到所购商品，增值税专用发票上注明商品的价款为 30000 元，增值税额为 3900 元。8 月 10 日，向 A 公司补付货款 13900 元。会计分录如下：

预付货款时：

借：预付账款——A 公司　　20000

　　贷：银行存款　　20000

收到商品时：

借：物资采购　30000

　　应交税费——应交增值税（进项税额）　3900

　贷：预付账款——A 公司　33900

支付其余的款项时：

借：预付账款——A 公司　13900

　贷：银行存款　13900

（二）其他应收款种类及会计处理方法

其他应收款是指小企业除应收票据、应收账款、应收股利以外的其他各种应收、暂付款项，包括不设置“备用金”科目的小企业拨出的备用金、应收的各种赔款、罚款，应向职工收取的各种垫付款项等。其他应收、暂付款的主要种类如图 3-7 所示。

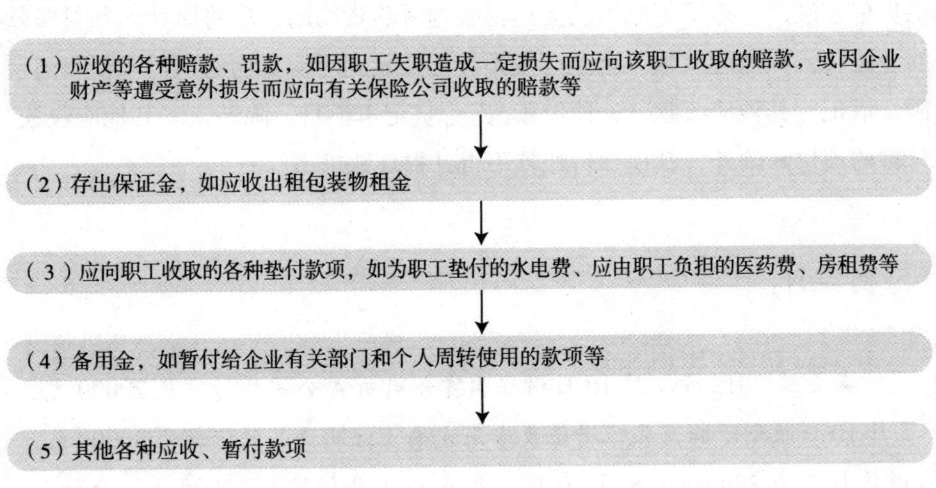

图 3-7　其他应收、暂付款的主要种类

小企业应设置“其他应收款”科目对上述内容进行核算。在发生各种其他应收款项时，借记“其他应收款”科目，贷记有关科目。收回各种款项时，借记有关科目，贷记“其他应收款”科目。

“其他应收款”中所包括的内容是相当繁杂的。在实际生活中，由于一些企业内部管理不严，其他应收款长期得不到清理，致使其他应收款金额巨大，这应当引起高度重视。

第四节　虽“未雨”，但“绸缪”
——坏账准备

在市场经济条件下，由于广泛采用商业信用，企业在赊销产品或提供劳务时，可能会因顾客没有能力或不愿支付，具体是购货人拒付、破产、死亡等原因导致应收账款无法收回的款项，在会计上称为坏账。由于坏账而产生的损失，称为坏账损失。

（一）确认坏账损失

小企业确认坏账时，应具体分析各应收账款的特性、金额大小、信用期限、债务人的信誉及经营状况。在小企业中，一般符合图 3–8 所示条件的被视为坏账。

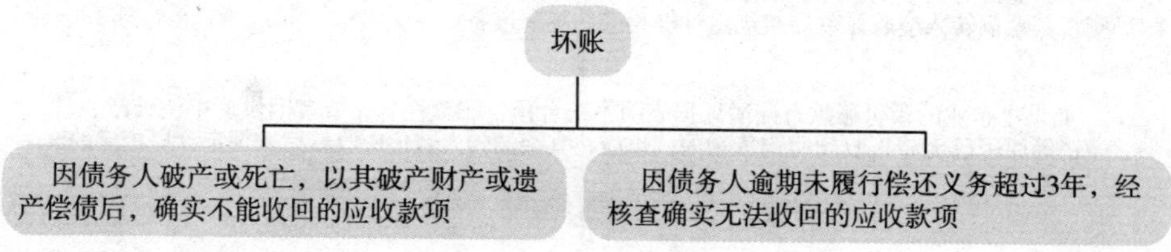

图 3–8　坏账的条件

不能全额计提坏账准备的情况见表 3–1。

表 3–1　不能全额计提坏账准备的几种情况

（1）当年发生的应收款项
（2）计划对应收款项进行重组
（3）与关联方发生的应收款项
（4）其他已逾期，但无确凿证据证明不能收回的应收款项

（二）坏账损失的会计核算

根据《小企业会计准则》的有关规定，小企业对坏账准备的核算应采用备抵法。备抵法下需要按期（至少每年年末）估计坏账损失。坏账损失核算步骤如图 3–9 所示。

小企业应设置“坏账准备”和“管理费用——计提的坏账准备”账户进行核算，“坏账准备”科目的贷方反映坏账准备的提取，借方反映坏账准备的转销，贷方余额反映已经提取尚未转销的坏账准备数额

↓

当期应提取的坏账准备＝当期按应收款项计算应计提坏账准备金额–（或+）本科目的贷方余额（或借方余额）

↓

当期按应收款项计算应提取坏账准备的金额大于本科目的贷方余额，应按其差额提取坏账准备；如果当期按应收款项计算应提取坏账准备的金额小于本科目的贷方余额，应该其差额冲减已计提的坏账准备

↓

如果当期按应收款项计算应提坏账准备的金额为零，应将本科目的余额全部冲回

↓

小企业应当定期或者至少于每年年度终了，对应收款项进行检查，预计各项应收款项可能发生的坏账，对于没有把握能够收回的应收款项，计提有关的坏账准备

↓

小企业持有的未到期应收票据，如有确凿证据表明不能够收回或收回的可能性不大时，应将其余额转入应收账款后按规定计提相应的坏账准备

↓

如果小企业的预付账款有确凿证据表明不符合预付账款性质，或者因供货单位破产、撤销等原因已无望再收到所购货物的，也应将其余额转入其他应收款后按规定计提相应的坏账准备

↓

已确认并转销的坏账损失，如果以后又收回，应按实际收回的余额，借记“应收账款”等科目，贷记“坏账准备”科目；同时，借记“银行存款”科目，贷记“应收账款”等科目

图 3–9　坏账损失核算步骤

（三）计提坏账准备的方法

《小企业会计准则》中规定的计提坏账准备的备选方法有应收账款余额百分比法、账龄分析法、销货百分比法和个别认定法等，具体采用何种方法

由小企业自行确定（图 3-10）。

应收账款余额百分比法，是指根据应收款项的期末余额估计应收款项可能发生的坏账损失，即先估计坏账损失与应收款项余额之间的比率，以这一比率乘以本期期末应收款项余额，据以确定本期期末坏账准备账户的应有余额

应收账款余额百分比法

账龄分析法，是指根据应收款项的账龄长短，先划分账龄组，估计不同账龄组应收款项的坏账率，将各账龄组的应收款项余额分别乘以相应的坏账率，据以确定本期期末坏账准备账户的应用余额

账龄分析法

销货百分比法，是指以赊销金额的一定百分比作为估计坏账的方法。企业可以根据过去的经验和当期的有关资料，估计坏账损失与赊销净额之间的比率，再以这一比率乘以当期的赊销净额，计算坏账损失的估计数

销货百分比法

个别认定法，是指对应收款项明细账上的客户逐一进行偿债能力和信用度调查，据以估计可能的坏账损失，确定本期期末坏账准备账户的应有余额。如果某项应收款项有明显差别，则可对该项应收款项采用个别认定法计提坏账准备

个别认定法

图 3-10　计提坏账准备的主要方法

例 3-12：

某小企业采用余额百分比法计提坏账准备，2017 年末该小企业应收账款的余额为 20000 元，提取坏账准备的比例为 5%，2018 年发生了坏账损失 500 元，当年末应收账款的余额为 30000 元，计算该小企业在 2017 年和 2018 年应计提的坏账准备以及 2017 年和 2018 年末坏账准备科目余额（假设该小企业 2015 年初坏账准备账户余额为 0）。

2017 年末甲公司应计提的坏账准备为 20000 × 5% = 1000 元

借：管理费用　　1000

　贷：坏账准备　　1000

2017 年末坏账准备科目余额为 1000 元。

2018 年甲公司发生了坏账损失 500 元。

借：坏账准备　　500

　贷：应收账款　　500

2018 年末甲公司的坏账准备余额应为：30000×5% ＝ 1500 元

应计提的坏账准备为：1500－（1000－500）＝ 1000 元

借：管理费用　　1000

　贷：坏账准备　　1000

甲公司 2018 年末坏账准备科目余额为：1000－500+1000 ＝ 1500 元，即会计期末应收账款的余额乘以估计坏账率。

例 3–13：

2018 年某小企业的应收账款账龄及估计坏账损失见表 3–2。

表 3–2　某小企业应收账款账龄及估计坏账损失

单位：元

应收账款账龄	应收账款金额	估计损失（%）	估计损失金额
未到期	20000	1%	200
过期 6 个月以下	10000	3%	300
过期 6 个月以上	6000	5%	300
合计	36000	—	800

假设该小企业 2018 年初坏账准备账户余额为贷方 100 元，计算出 2018 年小企业应计提的坏账准备以及 2018 年末坏账准备科目余额。

2018 年末坏账准备账户余额应为 800 元，2018 年初有坏账准备贷方余额 100 元，因此在本年中应计提坏账准备 800－100 ＝ 700 元。

借：管理费用　　700

　贷：坏账准备　　700

2018 年末坏账准备科目余额为：100+700 ＝ 800 元，即根据应收账款入账时间的长短来估计坏账损失。

例 3−14：

某小企业 2018 年赊销金额为 40000 元，根据以往资料和经验，估计坏账损失率为 1%，2018 年初坏账准备账户余额为贷方 200 元。计算 2×16 年应计提的坏账准备和 2018 年末坏账准备科目余额。

丙公司 2018 年应计提的坏账准备 =40000×1% ＝ 400 元，会计分录如下：

借：管理费用　　400

　贷：坏账准备　　400

2018 年末坏账准备科目余额为：200+400 ＝ 600 元。

第四章 把好存货关

● 全章概览

何为存货呢？举一个很简单的例子，一个卖煎饼的大爷，他需要用货币购得面粉、鸡蛋、调料等各种原材料，然后通过制作煎饼，得到一个完工的煎饼，最后再将煎饼卖出，又换回货币。在整个过程中，面粉、鸡蛋、调料、未完工的煎饼，以及完工后未卖出的煎饼都是存货。在企业的资金循环中，存货担任着重要的角色，因存货无法售出而导致资金链断裂最终破产的企业也不在少数，因此了解存货的分类、计价、核算以及管理非常重要。

通过这一章的学习，我们将对存货有一个全面的认识，也会更加深入地接触到企业的运营核心。

第一节　如何让存货的账目一目了然
——存货的分类与计价

（一）存货的概念

存货是指小企业在日常生产经营过程中持有以备出售，或者仍然处在生产过程中，或者在生产或提供劳务过程中将消耗的材料或物料等（图 4-1）。

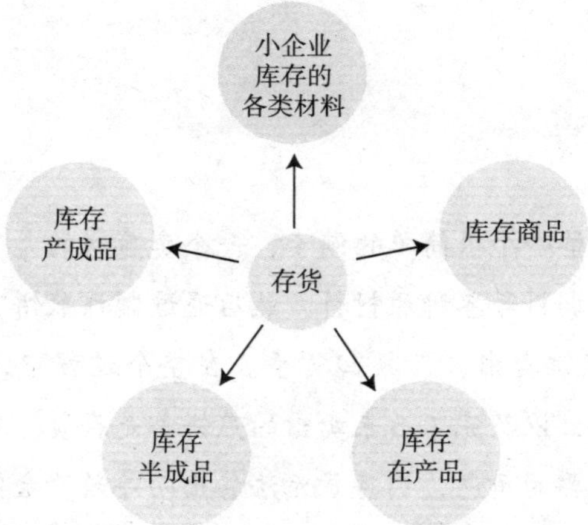

图 4-1　存货的内容

请注意：已经完成销售手续，但购买单位在月末尚未提取的库存存货，不属于存货的范围。

（二）存货的分类

为了做好存货的核算工作，加强存货管理，提供有用的会计信息需要对存货进行适当的分类（图 4-2）。

- 存货
  - 按经济内容分类
    - （1）材料，是指小企业用于生产产品并构成产品实体的外购物品以及外购的供给生产耗用但不构成产品实体的辅助材料，包括原料及主要材料、辅助材料、外购半成品、修理用配件、燃料和物料等
    - （2）低值易耗品，是指单位价值在规定限额以下，或使用年限在1年以下的，由于价值低、易损耗等原因而不能作为固定资产核算的各种用具物品
    - （3）包装物，是指为了包装本企业的产品而储存的各种包装容器，如桶、箱、坛等
    - （4）库存商品，是指小企业已经完成全部生产过程并已验收合格入库，可以对外销售的产品
    - （5）在产品，是指在本企业已完成一定生产过程的加工任务，已验收合格入库，但需要进一步加工的中间产品
    - （6）自制半成品，是指在本企业已完成一定生产过程的加工任务，已验收合格入库，但需要进一步加工的中间产品
  - 按其存放地点分类
    - （1）库存存货，是指已验收合格并入库的各种存货
    - （2）在途存货，是指货款已经支付，但还未运达企业，正在运输途中的存货，以及已经运达企业但尚未验收入库的存货
    - （3）委托加工存货，是指企业已经发往外单位委托代为加工的存货

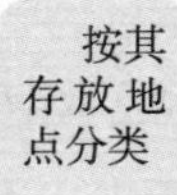

图 4–2　存货的分类

在正常情况下，存货范围的确定以小企业对货物是否具有法人财产权（或法定产权）为标准。凡是在盘存日期，法定产权属于小企业的物品，不论其存放何处或处于何种状态，都应确认为小企业的存货；反之，凡是法定产权不属于小企业的物品，即使存放于小企业，也不应确认为小企业的存货。

需要说明的是，关于代销商品的归属问题。代销商品是指一方委托另一方代其销售商品。从商品所有权的转移来分析，代销商品在售出以前，所有权属于委托方，受托方只是代对方销售商品。因此，代销商品应作为委托方的存货处理。但为了使受托方加强对代销商品的核算和管理，要求受托方对其受托代销商品在资产负债表的存货中反映。

（三）存货的计价范围

存货的计价范围如图 4–3 所示。

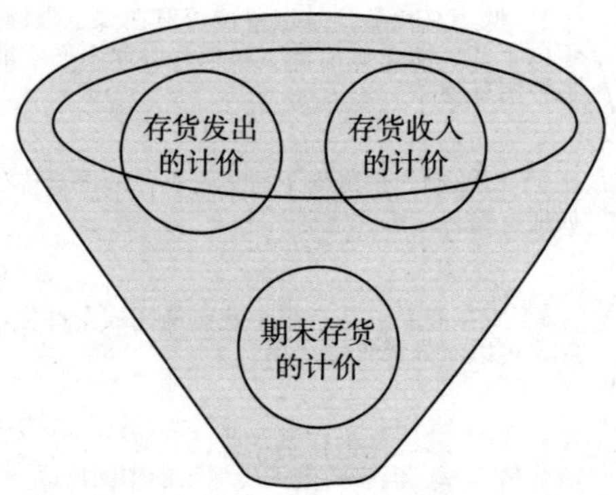

图 4–3　存货的计价范围

（四）存货收入的计价方法

《小企业会计准则》规定："各种存货应当按取得时的实际成本记账。"这表明小企业在持续经营的前提下，存货账面价值的基础应采用历史成本为计价原则。从理论上讲，凡与存货形成有关的支出，均应计入存货的成本之内。实际工作中，根据存货取得方式的不同，其入账价值的构成也各不相同（表 4–1）。

表 4–1　各种存货收入的计价方法

1．购入的存货	购入存货的实际成本包括： （1）买价，指进货发票上所注明的货款金额。 （2）运杂费，包括运输费、装卸费、保险费、包装费、仓储费等，不包括属于增值税一般纳税人的小企业按规定根据运输费的一定比例计算的可抵扣的增值税额。 （3）运输途中的合理损耗。 （4）入库前的挑选整理费，包括挑选整理中发生的工、费支出和必要的损耗，并减去回收的废料价值。 （5）购入物资负担的税金，如关税等。 （6）其他费用，如大件物资的市内运杂费等。 小商品流通企业按照进价和按规定应计入商品成本的税金作为实际成本，采购过程中发生的运输费、装卸费、保险费、包装费、仓储费等费用、运输途中的合理损耗、入库前的挑选整理费用，直接计入当期销售费用

续表

2. 自制的存货	包括制造过程所在原材料、工资和有关费用等实际支出
3. 委托加工的存货	以实际耗用的材料或者半成品以及加工费、运输费、装卸费和保险费等费用以及按规定应计入成本的税金作为实际成本。 商品流通小企业加工的商品，以商品的进货原价、加工费用和按规定应计入成本的税金作为实际成本
4. 投资者投入的存货	按照投资各方确认的价值作为实际成本
5. 接受捐赠的存货	按以下规定确定其实际成本： （1）捐赠方提供了有关凭据（如发票、报关单、有关协议）的，按凭据上标明的金额加上应支付的相关税费，作为实际成本。 （2）捐赠方没有提供有关凭据的，按同类或类似存货的市场价格估计的金额，加上应支付的相关税费，作为实际成本
6. 小企业接受的债务人以非现金资产抵偿债务方式取得的存货，或以应收款项换入存货的	按照应收债权的账面价值减去可抵扣的增值税进项税额后的差额，加上应支付的相关税费，作为实际成本。如涉及补价的，按以下规定确定受让存货的实际成本： （1）收到补价的，按应收债权的账面价值减去可抵扣的增值税进项税额和补价，加上应支付的相关税费作为实际成本。 （2）支付补价的，按应收债权的账面价值减去可抵扣的增值税进项税额，加上支付的补价和应支付的相关税费作为实际成本
7. 以非货币性交易换入的存货	按换出资产的账面价值减去可抵扣的增值税进项税额加上应支付的相关税费作为实际成本。如涉及补价的，按以下规定确定其换入存货的实际成本： （1）收到补价的，按换出资产的账面价值减去可抵扣的增值税进项税额加上应确认的收益和应支付的相关税费减去补价后的余额，作为实际成本。 （2）支付补价的，按换出资产的账面价值减去可抵扣的增值税进项税额加上应支付的相关税费和补价，作为实际成本
8. 盘盈的存货	按照相同或同类存货的市场价格作为实际成本

（五）存货发出的计价

小企业的存货在生产经营中始终处于流动状态，即原有存货不断流出，新的存货又不断流入，这样出现存货价值在已销存货和库存存货之间进行分配，因此，企业应当根据存货的实际情况，确定发出存货的实际成本。常见的存货计价方法有：个别计价法、先进先出法、加权平均法、移动平均法、后进先出法等（图 4–4）。

1.个别计价法即个别认定法、具体辨认法、分批实际法

采用这一方法是假设存货的成本流转与实物流转相一致，按照各种存货，逐一辨认各批发出存货和期末存货所属的购进批别或生产批别，分别按其购入或生产时所确定的单位成本作为计算各批发出存货和期末存货成本的方法。

采用这种方法，计算发出存货的成本和期末存货的成本比较合理、准确，但这种方法的前提是需要对发出的结存存货的批次进行具体认定，以辨别其所属的收入批次，所以实务操作中工作量繁重，困难较大。

个别计价法适用于容易识别、存货品种数量不多、单位成本较高的存货计价，如房产、船舶、飞机、重型设备、珠宝、名画收藏品等贵重物品

2.先进先出法

先收到的存货先发出，或先收到的存货先耗用，并根据此假定计算发出存货的成本和期末库存存货成本的方法。

具体方法是：收入存货时，逐笔登记金额收入存货的数量、单位和金额，发出存货时，按照先进先出的原则逐笔登记存货的发出成本和结存金额。

先进先出法能较真实反映现行价格，可以随时结转存货发出成本，但方法较烦琐；如果存货收发业务较多，且存货单位不稳定时，其工作量较大。在物价持续上升时，期末存货成本接近于市价，而发出成本偏低，利润偏高，不符合会计谨慎性原则

3.加权平均法

以本月全部进货数量加上月初存货数量作为权数，去除当月全部进货加上月初存货成本，计算出存货的加权平均单位成本，以此为基础计算当月发出存货的成本和期末存货的成本的一种方法。

（1）存货加权平均单位成本＝[月初库存存货的实际成本+（本月各批进货的实际单位成本×本月各批进货的数量）的和]/（月初库存存货数量+本月各批进货数量之和）

（2）本月发出存货的成本＝月末库存存货的数量×存货加权平均单位成本

（3）本月月末库存存货成本＝月末库存存货的数量×存货加权平均单位成本

采用加权平均法，只在月末一次计算加权平均单价，比较简单，而且在市场价格上涨或下跌时所计算出来的单位成本平均化，对存货成本的分摊较为折中，能平均反映销售成本及库存成本。但是，这种方法平时无法从账上提供发出和结存存货的单价及金额，不能很准确地反映销售成本及库存成本，不利于加强对存货的管理

4.后进先出法

后进先出法对成本流转的假设与先进先出法相反，它是以后收进的存货先发出为假定前提，对发出存货按最近收进存货的单价进行计价的一种方法。

采用后进先出法的优点是，在物价持续上涨时，本期发出存货按照最近收货的单位成本计算，从而使当期成本升高，利润降低，可以减少通货膨胀对小企业带来的不利影响，这也是会计实务中稳健性原则的方法之一。不过，这种方法计算起来也比较烦琐

图4–4　存货发出的计价方法

例 4–1：

宏大公司 2018 年 6 月份的 A 材料存货数据，见表 4–2。

表 4–2　A 材料收发结存资料

2018 年		摘要	收入		发出数量（千克）	结存数量（千克）
月	日		数量（千克）	单价（元）		
6	1	结存				1000 （单价 10 元）
6	5	购入	3000	11		4000
6	10	发出			3500	500
6	20	购入	2000	12		2500
6	25	发出			2000	500
6	30	合计	5000		5500	500

采用先进先出法计算发出存货和期末存货成本见表 4–3。

表 4–3　A 材料明细分类账（先进先出法）

2018 年		收入			发出			结存		
月	日	数量	单价	金额	数量	单价	金额	数量	单价	金额
6	1							1000	10	10000
6	5	3000	11	33000				1000 3000	10 11	10000 33000
6	10				1000 2500	10 11	10000 27500	500	11	5500
6	20	2000	12	24000				500 2000	11 12	5500 24000
6	25				500 1500	11 12	5500 18000	500	12	6000
6	30	5000		57000	5500		61000	500	12	6000

例 4–2：

仍以例 4–1 资料为例，采用加权平均法计算 A 材料发出成本和结转成本，见表 4–4。

表 4–4　A 材料明细分类账（加权平均法）

2018 年		收入			发出			结存		
月	日	数量	单价	金额	数量	单价	金额	数量	单价	金额
6	1							1000	10	10000
6	5	3000	11	33000				4000		
6	10				3500			500		
6	20	2000	12	24000				2500		
6	25				2000			500		
6	30	5000		57000	5500	11.17	61435	500		5585

加权平均单位成本＝（10000 ＋ 57000）/（1000 ＋ 5000）＝ 11.17(元)

例 4–3：

仍以例 4–2 资料为例，采用后进先出法计算 A 材料发出成本和结转成本，见表 4–5。

表 4–5　A 材料明细分类账（后进先出法）

2018 年		收入			发出			结存		
月	日	数量	单价	金额	数量	单价	金额	数量	单价	金额
6	1							1000	10	10000
6	5	3000	11	33000				1000 3000	10 11	10000 33000

续表

2018 年		收入			发出			结存		
月	日	数量	单价	金额	数量	单价	金额	数量	单价	金额
6	10				3000 500	11 10	33000 5000	500	10	5000
6	20	2000	12	24000				500 2000	10 12	5000 24000
6	25				2000	12	24000	500	10	5000
6	30	5000		57000	5500		62000	500	10	5000

第二节　产品的“零部件”

——原材料的会计核算

（一）原材料的概念

原材料是指小企业用于制造产品并构成产品实体的原材料、主要材料和外购半成品，以及购入的供生产耗用但不构成产品实体的辅助材料（图 4–5）。

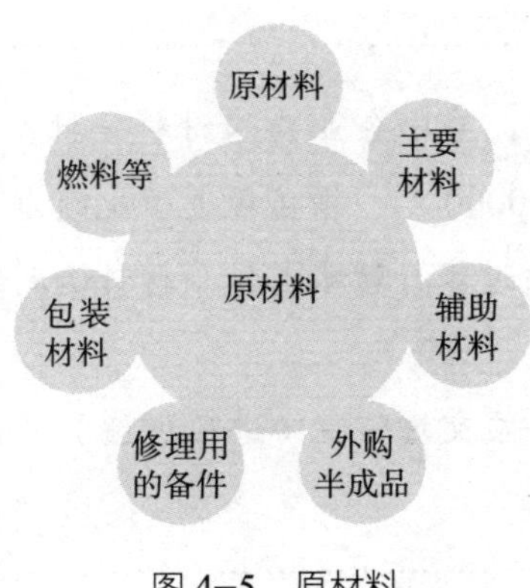

图 4–5　原材料

（二）原材料核算设置的主要账户

为加强原材料采购、入库和发出的核算，小企业要设置“原材料”“在途物资”等账户。原材料核算设置的主要账户详见表4-6。

表4-6 原材料核算设置的主要账户

（一）“在途物资”账户	（二）“原材料”账户
在途物资是指企业购入尚未到达或尚未验收入库的各种材料、商品等物资的实际成本。 公司购入的物资，在支付货款和运杂费或开出、承兑商业汇票时尚未到达或尚未验收入库的，记入“在途物资”的借方，待物资到达、验收入库后，再将相应的“在途物资”转入“原材料”“库存商品”等。 企业购入的物资已经到达并已验收入库或购入的物资已到达并已验入库，但尚未收到发票账单的，均不通过“在途物资”核算，直接借记“原材料”“库存商品”等科目。 对于采用计划成本进行核算的企业，不设置此账户，单独设置“材料采购”账户进行核算。“在途物资”期末余额在借方，作为资产负债表中存货的一个项目	该账户为资产类账户，用于核算企业库存材料的增减变动和结存情况。借方登记验收入库材料的成本；贷方登记发出材料的成本；余额在借方，表示库存材料的成本。该账户应按原材料的种类设置明细账，进行明细分类核算

（三）原材料收入的会计核算

例4-4：

2019年5月15日，某小企业购入材料一批，取得增值税专用发票上注明的材料价款为50000元，增值税进项税额为6500元，发票等计算凭证已收到，贷款已通过银行转账支付，材料运到，并已验收入库。

借：原材料　　50000

　　应交税费——应交增值税（进项税额）　　6500

　贷：银行存款　　56500

原材料收入的核算如图4-6所示。

1. 小企业购入并已验收入库的原材料

为了总括反映小企业材料的收入、发出和结存情况，小企业应设置“原材料”总账科目。该科目核算小企业库存的各种材料，包括原料及主要材料、辅助材料、外购半成品（外购件）、修理用备件（备品备件）、包装材料、燃料等的实际成本。

“原材料”账户借方登记入库材料的实际成本，贷方登记发出材料的实际成本，期末借方余额反映小企业各种材料的实际成本。

对于发票账单与材料同时到达的采购业务，如按规定不能抵扣销项税额的（一般指小规模纳税企业），按全部成本（包括专用发票上注明的增值税额）借记“原材料”科目，贷记“库存现金”“银行存款”“应付账款”等科目；如按规定可以抵扣增值税销项税额的（一般指一般纳税企业），应按专用发票上注明的应计入商品成本的金额，借记“原材料”科目，按应支付或实际支付的金额，贷记“库存现金”“银行存款”“应付账款”等科目

2. 购入尚未入库的原材料

如果已经付款，但材料尚未到达或尚未验收入库的采购业务，应单独设置“在途物资”科目。该科目核算小企业已支付货款但尚未运抵验收入的材料或商品的成本。该科目的借方登记已经付款，但材料尚未到达或验收入库的存货的实际成本；贷方登记验收入库的材料的实际成本。期末余额在借方，反映小企业购入但尚未运抵的材料或商品的实际成本。发生此项经济业务时，应根据发票账单等结算凭证，借记“在途物资”“应交税费——应交增值税（进项税额）”科目，贷记“银行存款”等科目；待购入的材料、商品等运抵企业并验收入库后，再根据有关原始凭证，借记“原材料”科目，贷记“在途物资”科目

3. 投资者投入的原材料

投资者投入的原材料，按投资各方面确认的价值或合同协议约定的价格，借记“原材料”科目，属于增值税一般纳税人的小企业，应按专用发票上注明的增值税额，借记“应交税费——应交增值税（进项税额）”科目，按两者之和，贷记“实收资本”科目

4. 小企业接受捐赠的原材料

如捐赠方提供了有关证据的，按凭据上标明的金额加上应支付的相关税费作为实际成本。

捐赠方没有提供有关凭据的，按其市场价或同类、类似材料的市场价格估计的金额，加上应支付的相关税费，作为实际成本，借记“原材料”账户，按专用发票上注明的增值税额，借记“应交税费——应交增加值税（进项税额）”账户，贷记“营业外收入——捐赠利得”“银行存款”等账户。

图 4–6　原材料收入的核算

例 4–5：

某小企业 2019 年 5 月 17 日购入原材料一批，取得的增值税专用发票上注明的价款为 200000 元，增值税进项税额为 26000 元，发票等结算凭证已收到，贷款通过银行转账支付，材料尚未入库。

借：在途物资　200000
　应交税费——应交增值税（进项税额）　26000
　贷：银行存款　226000

上述材料到达并验收入库后：

借：原材料　200000
　贷：在途物资　200000

例 4–6：

2019 年 6 月 20 日，某小企业收到乙企业投入的原材料一批，收到的专用发票注明的增值税进项税额为 39000 元，双方确认的价值为 300000 元。甲企业的账务处理如下：

借：原材料　300000
　应交税费——应交增值税（进项税额）　39000
　贷：实收资本——乙企业　339000

例 4–7：

某小企业接受捐赠的甲材料一批，根据捐赠材料的有关发票确定其价值为 50000 元，增值税专用发票上注明的税款 6500 元，发生的运输费用 500 元，企业在收到捐赠的材料时，做会计分录如下：

借：原材料　50500
　应交税费——应交增值税（进项税额）　6500
　贷：营业外收入——捐赠利得　56500
　　银行存款　500

（四）原材料发出的账务处理

原材料发出主要包括原材料的领用和销售（表 4–7）。

表 4–7　原材料发出的账务处理

1. 原材料领用的核算	2. 原材料发出和出售的核算
原材料的领用是指将原材料用于生产、加工或用于其他方面等消耗。 在会计核算上，领用的原材料根据其用途可做如下不同的会计处理：小企业生产中领用原材料，按实际成本，借记“生产成本”“制造费用”等科目，贷记“原材料”科目；小企业经营中领用存货，借记“销售费用”“管理费用”科目，贷记“原材料”科目	由于小企业原材料的日常领发业务频繁，为了简化日常核算工作，平时一般只登记原材料明细账，反映各种原材料的收发和结余金额，月末根据按实际成本计价的发料凭证，按领用部门和用途，汇总编制“发料凭证汇总表”，据以登记总分类账，进行原材料发出的总分类核算。 小企业生产经营过程中领用原材料，按实际成本，借记“生产成本”“制造费用”“管理费用”等科目，贷记“原材料”科目。 小企业内部基建工程领用的原材料，按原材料的对外销售收入或组成计税价格加上不予抵扣的增值税额等，借记“在建工程”科目，按原材料的对外销售收入或组成计税价格，贷记“主营业务收入”科目，按不予抵扣的增值税额，贷记“应交税费——应交增值税（进项税额转出）”等科目。 小企业出售材料，按已收或应收的价款，借记“银行存款”或“应收账款”科目，按实现的销售收入，贷记“其他业务收入”等科目，按应交的增值税额，贷记“应交税费——应交增值税（销项税额）”科目；月度终了，按出售原材料的实际成本，借记“其他业务支出”科目，贷记“原材料”科目

例 4–8：

某小企业 2018 年 9 月份原材料领用情况，见表 4–8。

表 4–8　原材料发出汇总表（发料凭证汇总表）

应借账户 \ 应贷账户	原材料	包装物	合计
生产成本 销售费用 在建工程 委托加工物资	300000 30000 17500 18000	25000 15000	300000 55000 32500 18000
合计	365500	40000	405500

2018年9月30日根据“材料发出汇总表”的资料，企业做如下账务处理：

借：生产成本 300000

销售费用 55000

在建工程 32500

委托加工物资 18000

贷：原材料 365500

包装物 40000

第三节　如何对其他存货进行会计核算

（一）低值易耗品的核算

低值易耗品是指单位价值较低，不能作为固定资产的各种用具、设备，如工具、管理用具、玻璃器皿以及生产经营过程中周转使用的包装容器等。

低值易耗品从性质上看和固定资产一样都属于生产资料，可以多次参加周转而不改变其原有的实物形态，在使用过程中需要进行维修，报废时有一定的残值等。但是和固定资产相比，由于其单位价值较低，使用期限较短、易于损坏、更换频繁，为了简化核算工作，一般将其视为存货进行管理和核算（表4–9）。

表4–9　低值易耗品的会计核算

低值易耗品核算的账户设置	该账户是资产类账户。借方登记验收入库低值易耗品的实际成本，贷方登记发出低值易耗品的实际成本，余额在借方，反映期末库存低值易耗品的实际成本。该账户按低值易耗品的种类、规格设置明细账，进行明细分类核算

续表

<table>
<tr><td rowspan="3">低值易耗品购进的会计核算</td><td colspan="2">低值易耗品购进的核算与原材料购进的核算基本相同，即对小企业购入并已验收入库的低值易耗品，按实际成本，借记“低值易耗品”账户，按专用发票注明的增值税额，借记“应交税费——应交增值税（进项税额）”账户，贷记“银行存款”“应付账款”等账户</td></tr>
<tr><td colspan="2">对购入尚未验收入库的低值易耗品按实际成本，借记“在途物资”账户，按专用发票上注明的增值税额，借记“应交税费——应交增值税（进项税额）”账户，贷记“银行存款”“应付账款”等账户</td></tr>
<tr><td colspan="2">待验收入库时，借记“低值易耗品”账户，贷记“在途物资”账户</td></tr>
<tr><td rowspan="3">低值易耗品的摊销核算</td><td colspan="2">我国会计制度将低值易耗品纳入存货范围，但日常会计核算既不同于存货，也不同于固定资产。小企业在生产经营活动中领用的低值易耗品根据具体情况，采用一次或分次摊销的方法</td></tr>
<tr><td>一次摊销法</td><td>一次摊销法是指在领用低值易耗品、周转材料、出租出借包装物等时，将其实际成本一次计入有关费用科目的一种方法。
低值易耗品、周转材料、包装物虽都归属材料一类，但它们都与一般消耗材料不同，能使用较长时期，理应将其损耗价值分次摊作费用。但对价值较低、使用期较短、容易损坏的低值易耗品、周转材料和包装物，为了简化核算手续，往往采用一次转销方法，按其实际成本在领用时从“低值易耗品”“周转材料”“包装物”等科目一次转入有关费用科目，并不在账上反映其在用价值。采用这一方法时，虽对在用低值易耗品、周转材料和包装物价值在账上不加核算，仍应加强实物管理，将领用实物数量在领用簿上进行登记，或采用以旧换新等办法，以防止丢失或挪用。
一次摊销法核算简便，适用于一次领用低值易耗品价值比较小的情况。如果一次领用低值易耗品的价值较大，采用该法将会造成领用月份成本、费用负担过多，从而影响到产品成本或利润的准确性。此外，一次摊销法会造成账外资产，不利于对账外资产的实物管理，为了弥补这一缺陷，应为账外资产设置“备查登记簿”，以便进行实物监督</td></tr>
<tr><td>分次摊销法</td><td>分次摊销法是指根据低值易耗品的原价和预计使用期限，将低值易耗品分次摊入成本、费用的方法，适用于使用时间较长、单位价值较高或一次领用数量较大的低值易耗品的摊销。采用分次摊销法时，应加强实物管理，并在备查簿上进行登记。
分次摊销法虽然能使各月负担的低值易耗品价值比较均衡，但核算工作量较大。因而，这种方法一般适用于单位价值较高、使用期限较长的低值易耗品，或一次领用数量较多、累计价值较大的低值易耗品。该法也同样会造成账外资产的实物管理问题，同样可设备查簿进行实物监督</td></tr>
</table>

例 4–9：

2018 年 9 月 2 日，某小企业生产车间领用工具一批，成本 23000 元，采用一次摊销法。2018 年 10 月 10 日，生产车间领用的工具不能继续使用，决定报废。残料已验收入库，价值 500 元。企业的账务处理如下：

领用工具时：

借：制造费用　　23000

　贷：周转材料　　23000

工具报废：

借：原材料　　500

　贷：制造费用　　500

例 4–10：

2018 年 6 月，某小企业的生产车间领用低值易耗品 80 件，其实际成本共计 6000 元，期限 6 个月。上述低值易耗品部分报废，收回残料价值 100 元，残料入库。根据上述资料编制有关会计分录如下：

(1) 领用时：

借：周转材料——在用　　6000

　贷：周转材料——在库　　6000

(2) 每月摊销：(6000 ÷ 6 = 1000)

借：制造费用　　1000

　贷：周转材料——在用　　1000

其余月份摊销分录同上。

(3) 残料入库：

借：原材料——其他材料　　100

　贷：制造费用　　100

（二）委托加工物资的会计核算

委托加工物资的会计核算如图 4-7 所示。

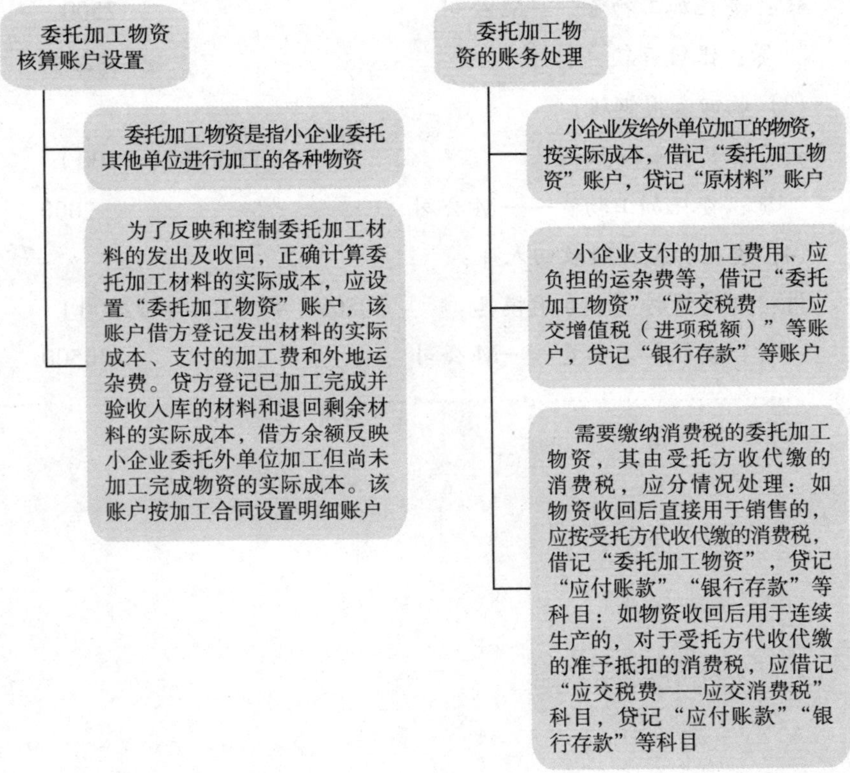

委托加工物资核算账户设置

- 委托加工物资是指小企业委托其他单位进行加工的各种物资
- 为了反映和控制委托加工材料的发出及收回，正确计算委托加工材料的实际成本，应设置“委托加工物资”账户，该账户借方登记发出材料的实际成本、支付的加工费和外地运杂费。贷方登记已加工完成并验收入库的材料和退回剩余材料的实际成本，借方余额反映小企业委托外单位加工但尚未加工完成物资的实际成本。该账户按加工合同设置明细账户

委托加工物资的账务处理

- 小企业发给外单位加工的物资，按实际成本，借记“委托加工物资”账户，贷记“原材料”账户
- 小企业支付的加工费用、应负担的运杂费等，借记“委托加工物资”“应交税费——应交增值税（进项税额）”等账户，贷记“银行存款”等账户
- 需要缴纳消费税的委托加工物资，其由受托方收代缴的消费税，应分情况处理：如物资收回后直接用于销售的，应按受托方代收代缴的消费税，借记“委托加工物资”，贷记“应付账款”“银行存款”等科目；如物资收回后用于连续生产的，对于受托方代收代缴的准予抵扣的消费税，应借记“应交税费——应交消费税”科目，贷记“应付账款”“银行存款”等科目

图 4-7　委托加工物资的会计核算

例 4-11：

2018 年 6 月 5 日，某小企业供应部发出 2mm 钢板 300 张，每张成本 100 元，委托 M 公司加工成专用模具，支付加工费 2500 元（增值税略），加工后收回专用模具 500 个，剩余钢板 20 张退回。有关会计分录如下：

（1）钢板发出：

借：委托加工物资　　　　30000（300×100）

贷：原材料——钢板 30000

(2) 支付加工费：

借：委托加工物资——M 公司 2500

贷：银行存款 2500

(3) 收回未用钢板：

借：原材料——铁板 2000（20×100）

贷：委托加工物资——M 公司 2000

(4) 委托加工材料收回入库：

借：周转材料——专用模具 30500（80×100 + 22500）

贷：委托加工物资——M 公司 30500

第五章 用投资来管好钱

——对外投资的会计核算

● **全章概览**

如今，人们常常津津乐道：“嘿，你说我这点儿钱是用来投资股票还是基金呢?”“那谁投资眼力真不错，赚啦。”可见国民的投资意识不断地觉醒，已经不再单纯地期盼银行的那点儿利息了。同样的道理，对于企业来说，如果存在着闲置资本，即便暂时找不到合适的直接实体投资渠道，也不能仅仅将钱存入银行，因为这样做不仅收益率很低，而且经不起通胀的折腾。此时，企业就应当考虑对外投资了，对外投资不仅包括股票、债券、基金，而且还应包括对其他企业的长期股权投资。

通过本章的学习，我们将对小企业的对外投资及其账务处理有更深入的了解。

第一节　变闲钱为投资工具

（一）投资及其特点

投资是指小企业为通过分配来增加财富，或为谋求其他利益，而将资产让渡给其他单位所获得的另一项资产。财务会计中的投资有广义和狭义之分（图 5-1）。

投资的定义
广义
广义的投资包括对外投资和对内投资。对外投资是企业将企业内部资产让渡给企业外部以谋求经济利益的投资，包括权益性投资、债权性投资、房地产投资等。对内投资是企业资产投资，包括固定资产投资、无形资产投资、存货投资等
狭义
狭义投资一般仅包括对外投资，不包括对内投资。本章所称的投资是狭义的投资中的权益性投资和债权性投资

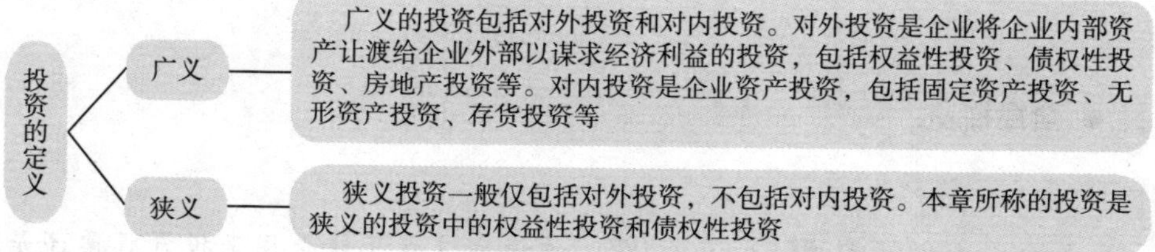

图 5-1　投资的概念

投资具有以下特点（图 5-2）。

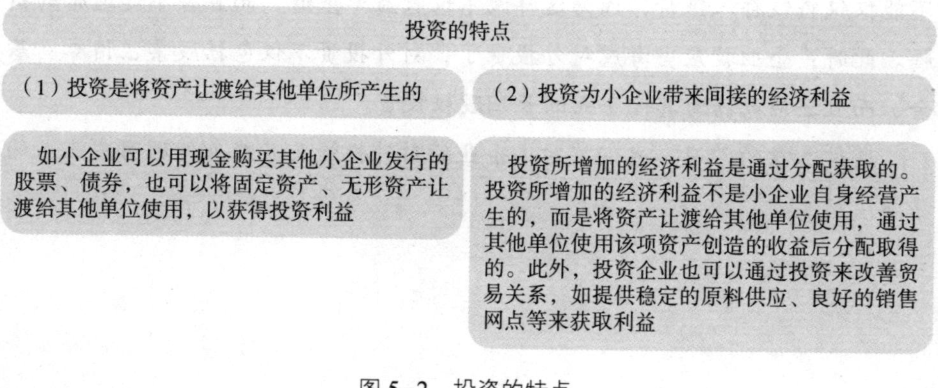

投资的特点
（1）投资是将资产让渡给其他单位所产生的
（2）投资为小企业带来间接的经济利益
如小企业可以用现金购买其他小企业发行的股票、债券，也可以将固定资产、无形资产让渡给其他单位使用，以获得投资利益
投资所增加的经济利益是通过分配获取的。投资所增加的经济利益不是小企业自身经营产生的，而是将资产让渡给其他单位使用，通过其他单位使用该项资产创造的收益后分配取得的。此外，投资企业也可以通过投资来改善贸易关系，如提供稳定的原料供应、良好的销售网点等来获取利益

图 5-2　投资的特点

（二）投资会计处理的主要问题

投资会计处理的主要问题如图 5-3 所示。

投资的确认主要解决投资入账的时间问题，即企业取得的某项投资，在符合何种条件时才能作为投资入账

投资损益的确认与计量主要解决企业从被投资单位分配的股利和利息，债券溢折价以及投资处理或收回所产生的净收入与投资账面价值的差额等，是否计入投资损益，是否全额计入投资收益问题。
按投资目的可以分为短期投资和长期投资

投资的确认

投资损益的确认与计量

1. 初始投资成本的确定
确认为小企业的一项资产，并在资产负债表资产方列示。遵循历史成本原则，它是指取得投资时所付出的全部代价，包括买价和其他相关费用。以非货币性资产或通过债务重组方式取得的投资，则应按照相关准则规定的方法确定投资成本。
2. 投资持有期间的计量
主要是否要调整投资账面价值以及期末按什么价值在报表上反映。
3. 投资的期末计价

图 5-3　投资会计处理的主要问题

第二节　资金的暂时去处
——短期投资

（一）短期投资的概念

短期投资核算包括短期投资取得及其成本的确定、短期投资收益的确认、短期投资的处理与短期投资的期末计价等内容。为此，小企业应设置“短期投资”“投资收益”“短期投资跌价准备”等科目进行核算。

短期投资通常易于变现，且持有时间较短，不以控制被投资单位等为目的。短期投资应当具备两个条件（表 5-1）。

表 5-1 短期投资的概念及条件

短期投资的概念	能够随时变现并且持有时间不准备超过一年（含一年）的投资，包括股票、债券、基金等
短期投资的条件	（1）能够在公开市场交易并且有明确市价，例如，各种上市的股票、债券和基金等
	（2）持有投资是为了作为剩余资金的存放，并应保持其流动性和获利性

企业的投资是作为短期投资还是长期投资，不能仅仅依据持有时间的长短而判断，主要依据企业管理部门的意图而定。只要不是以控制被投资单位为目的，而是存放剩余现金，即使短期投资实际持有时间已超过一年，仍可作为短期投资，除非企业管理当局意图改变投资目的。

（二）短期投资应设置的账户

短期投资应设置的账户见表 5-2。

表 5-2 短期投资应设置的账户

短期投资的核算应设置“短期投资”账户	企业应设置“应收股息”账户	企业应设置“投资收益”账户
借方登记取得短期投资的实际投资成本，贷方登记短期投资处置的成本，期末余额在借方，反映企业持有的各种短期投资的实际成本。“短期投资”账户应按短期投资各类设置明细账，进行明细核算	核算小企业因进行股权投资应收取的现金股利、利润及进行债权投资应收取的利息，期末余额在借方，反映企业尚未收回的现金股利、利润或债权投资利息。“应收股息”账户应按被投资单位、债券各类设置明细账，进行明细核算	核算企业对外投资所取得的收益或发生的损失。该账户为损益类账户，贷方登记企业投资收益，贷方登记投资损失。期末，企业应将本账户的余额转入“本年利润”账户，结转后应无余额。“投资收益”账户应按投资收益种类设置明细账，进行明细核算

（三）短期投资的计量

短期投资的计量包括短期投资取得时初始投资成本的计量、持有期间新投资成本的计量和期末成本计量（表5-3）。

表5-3 短期投资的计量

1. 初始投资成本的计量	根据《企业会计制度》及相关会计准则的规定，短期投资取得时应当按照初始投资成本计量。短期投资取得时的初始投资成本，是指企业取得短期投资时实际支付的全部价款，包括税金、手续费等相关费用，但不包括在取得一项短期投资时，实际支付的价款中包含的已宣告但尚未领取的现金股利和已到付息期但尚未领取的债券利息
	短期投资的实际成本按以下方法确定： （1）以现金支付的短期投资，按实际支付的全部价款，包括税金、手续费等相关费用，扣除已经宣告但未领的现金股利或已经到付息期而尚未领取的利息的余额，作为实际成本
	（2）投资者投入的短期投资，按投资各方确认的价值作为短期投资的成本
	（3）企业接受的债务人以非现金资产抵偿债务方式取得的短期投资，或以应收债权（如应收账款、应收票据等）换入的短期投资，按应收债权的账面价值作为短期投资的初始投资成本
	（4）以非倾向性交易换入的短期投资，按换出资产的账面价值加上应支付的相关税费作为短期投资的初始投资成本
2. 新投资成本的计量	新投资成本是指企业在投资持有期间调整其初始投资成本后产生的金额。短期投资持有期间所收到的股利、利息等，除取得时间已记入应收项目的现金股利或利息外，不确认投资收益，作为冲减投资成本处理，从而形成新投资成本
3. 期末账面价值的计量	期末账面价值是指期末投资在资产负债表上反映的价值。小企业应定期或至少于每年年度终了，对短期投资进行全面检查，并根据谨慎性原则的要求，合理预计持有的短期投资可能发生的损失。在资产负债表上反映的短期投资应为"短期投资"账户期末余额与"短期投资跌价准备"账户期末余额的差额，即期末账面价值

例5-1：

某小企业于2018年2月以银行存款购入下列公司的股票作为短期投资（表5-4），并做相关的会计分录如下：

表 5-4　短期投资

单位：元

项目	股数（股）	每股单价（元）	税费（元）	投资成本（元）
股票 A	20000	6.50	800	130800
股票 B	5000	10.00	780	50780
股票 C	40000	5.60	1000	225000
合计				406580

借：短期投资——股票 A　　130800

　　短期投资——股票 B　　50780

　　短期投资——股票 C　　225000

　贷：银行存款　　406580

（四）短期投资损益的确认

短期投资取得的股利、利息及持有期间的损益分别按下列方法处理（表 5-5）。

表 5-5　短期投资损益的确认

（1）短期投资取得时实际支付的价款中包含的已宣告但尚未领取的现金股利，或已到付息期但尚未领取的债券的利息，属于在购买时暂时垫付的资金，是在投资时所取得的一项债权，因此，小企业应当在实际收到时冲减已记录的应收股息，不确认为投资收益	（2）小企业短期投资的损益，只能在短期投资处置时确认。确认的投资收益为处置短期投资所获得的净收入与短期投资账户余额的差额。这里的“净收入”指处置短期投资时所获得的价款减去发生的相关费用后的余额

例 5-2：

2018 年 9 月 12 日，A 公司以银行存款购入 B 股份有限公司已宣告但尚未发放现金股利的股票 20000 股，作为短期投资进行管理，每股成交价 10.5 元，其中，0.5 元为已宣告但尚未发放的现金股利，股权截止日为9月20日；另支付相关税费10000元。

A公司的账务处理如下：

借：短期投资——B股票　　210000

　　应收股利——B股票　　10000

　贷：银行存款　　220000

其中，短期投资成本计算如下：

成交价（20000×10.5）210000元

加：支付的相关税费10000元

减：已宣告尚未发放的现金股利（20000×0.5）10000元

短期投资成本210000元

承上，如2018年9月20日，A公司收到原已计入“应收股利”的现金股利润10000元，则：

借：银行存款　　10000

　贷：应收股利——B股票　　10000

例5-3：

A公司于2018年2月1日收到B公司以其持有的C公司债券作价的投资。该债券面值为60000元，年利率为3.3%，期限为3年，到期一次还本付息。B公司已持有8个月，双方确认的价值为65200元。A公司做会计分录如下：

借：短期投资——债券投资（C公司）　　65200

　贷：实收资本——B公司　　65200

例5-4：

A公司销售给B公司一批产品，价税共计117000元，由于B公司发生资金周转困难，到期不能偿还前欠货款。双方达成债务重组协议，A公司同意B公司以其持有的C公司的普通股票100000股清偿债务，该股票每股面值1元，每股市价1.3元。A公司将C公司的股票作为短期投资。A公司做会计分录如下：

借：短期投资——股票投资（C公司）　　117000

　贷：应收账款——B公司　　117000

（五）短期投资的处置

短期投资的处置，主要指短期投资的出售、转让等情形。处置短期投资，除确认相应的处置损益外，还需注意以下几个问题（图5–4）。

（1）短期投资跌价准备的处理除债务重组和非货币性交易以外，出售的短期投资已计提的短期相关跌价准备可在期末一并调整

（2）处理时短期投资账面余额的结转

①全部处置某项短期投资时，其成本为短期投资的账面余额。这里的账面余额指原投资成本或经过调整后的新的投资成本，即短期投资账户的余额

②原投资成本是指投资时的成本；新的投资成本是指收到短期投资持有期间的现金股利或利息冲减投资成本后的余额，或部分处置某项短期投资冲减处置部分的成本后的余额，以及长期投资划转为短期投资时确定的成本等

③部分处置某项短期投资时，应按该项投资的总平均成本确定其处置部分的成本

图5–4　短期投资的处理

例5–5：

2018年12月31日，A公司出售其所持有的B股份有限公司的股票20000股，实际收回金额252000元，款项已存入银行；该批股票的账面成本为185000元，公司已计提短期投资跌价准备5600元。

A公司的账务处理如下：

借：银行存款　　252000

短期投资跌价准备　　5600
贷：短期投资——B 股票　　185000
投资收益　　72600

第三节　让其他公司帮你的企业赚钱
——长期股权投资

（一）长期股权投资的概念

长期股权投资，是指小企业准备长期持有的权益性投资。从小企业准备持有时间角度对权益性投资进行了划分，准备长期持有（在 1 年以上）的权益性投资为长期股权投资，准备短期持有的为短期投资。这样的划分，无须考虑对被投资单位的影响力，也无须考虑其是否有活跃市场报价、公允价值能否可靠计量。长期股权投资相对于短期投资，其期限会超过 1 年，不包括 1 年，即符合非流动资产的定义。

（二）长期股权投资的特点

长期股权投资的特点主要表现在：一是投资对象为权益类投资产品，二是小企业准备长期持有，持有期限在 1 年以上。小企业的长期股权投资包括购入的股票和其他股权投资等。长期股权投资通常是长期持有的，不准备随时出售的，投资企业作为被投资单位的股东，按所持有股份的比例享有权益并承担风险。

（三）长期股权投资初始成本的确定

（1）支付现金取得的长期股权投资，应当按照购买价款和相关税费作为成本进行计量。

实际支付价款中包含的已宣告但尚未发放的现金股利，应当单独确认为应收股利，不计入长期股权投资的成本。

依照上述规定，对于以支付现金方式取得的长期股权投资，小企业应按照实际支付的购买价款，借记“长期股权投资”科目，贷记“银行存款”等科目。实际价款中包含的已宣告但尚未发放的现金股利，借记“应收股利”科目，按照实际支付的购买价款中扣除已宣告但尚未发放现金股利部分的余额，借记“长期股权投资”科目，按实际支付的全部购买价款，贷记“银行存款”科目。

例 5-6：

2018 年 2 月 1 日，某小企业购入 B 公司发行的股票 5000 股，准备长期持有，该股票价格为每股 8 元，支付的股价中每股含有已宣告但尚未分派的现金股利 0.2 元，支付税费 3000 元，款项已经通过银行存款支付。会计处理如下：

借：长期股权投资——股票投资	42000
应收股利	1000
贷：银行存款	43000

（2）通过非货币性资产交换取得的长期股权投资，应当按照换出非货币性资产的评估价值和相关税费作为成本进行计量。

例 5-7：

2018 年 2 月 1 日，某小企业以一项固定资产换入 Q 公司股票 7000 股，交换时另用银行存款支付相关税费 2000 元。该小企业换出固定资产原价 60000 元，已计提折旧 9000 元，该固定资产的评估价值为 50000 元。购入长期股权投资的成本为 52000 元（固定资产评估价值加税费）。会计处理如下：

借：长期股权投资——股票投资　　52000
　　营业外支出　　1000
　贷：固定资产清理　　51000
　　　银行存款　　2000

（四）长期股权投资收益的核算

《小企业会计准则》第二十四条规定，长期股权投资应当采用成本法进行会计处理。在长期股权投资持有期间，被投资单位宣告分派的现金股利或利润，应当按照应分得的金额确认为投资收益。

《小企业会计准则》对长期股权投资的规定与企业所得税法基本一致，一律采用成本法核算，即小企业在长期股权投资持有期间，对被投资单位宣告分派的现金股利或利润，应当按照应分得的金额确认为投资收益，借记“应收股利”科目，贷记“投资收益”科目。收到现金股利或利润时，借记“银行存款”科目，贷记“应收股利”科目。

例 5–8：

接例 5–6，2018 年 12 月 31 日，该小企业宣告分配现金股利，每股分派 0.3 元，并于 2019 年 2 月 1 日实际支付。该小企业的会计处理如下：

2018 年 12 月 31 日该小企业宣告分配现金股利时：

借：应收股利　　1500
　贷：投资收益　　1500

2019 年 2 月 1 日实际收到所分派的现金股利时：

借：银行存款　　1500
　贷：应收股利　　1500

（五）长期股权投资的处置

《小企业会计准则》第二十五条规定，处置长期股权投资，处置价款扣除其成本、相关税费后的净额，应当计入投资收益。

依据上述规定，小企业在处置长期股权投资时，按照实际取得的价款，借记“银行存款”等科目，按长期股权投资的账面余额，贷记“长期股权投资”科目，按照应收未收的现金股利或利润，贷记“应收股利”科目。

例 5–9：

接例 5–6，2019 年 5 月 1 日，该小企业将作为长期股权投资的 B 公司股票 3000 股出售，每股售价 11 元，支付税费 3000 元，款项已通过银行收讫，该股票的账面价值为 23400 元。会计处理如下：

借：银行存款　　30000

　贷：长期股权投资——股票投资　　23400

　　投资收益　　6600

（六）长期股权投资的减值处理

《小企业会计准则》第二十六条规定，小企业长期股权投资符合下列条件之一的，减除可收回的金额后确认的无法收回的长期股权投资，作为长期股权投资损失：

（1）被投资单位依法宣告破产、关闭、解散、被撤销，或者被依法注销、吊销营业执照的。

（2）被投资单位财务状况严重恶化，累计发生巨额亏损，已连续停止经营 3 年以上，且无重新恢复经营改组计划的。

（3）对被投资单位不具有控制权，投资期限届满或者投资期限已超过 10 年，且被投资单位因连续 3 年经营亏损导致资不抵债的。

（4）被投资单位财务状况严重恶化，累计发生巨额亏损，已完成清算或清算期超过 3 年的。

（5）国务院财政、税务主管部门规定的其他条件。

长期股权投资损失应当于实际发生时计入营业外支出，同时冲减长期股权投资账面余额。

根据《小企业会计准则》规定确认实际发生的长期股权投资损失，应当按照可收回的金额，借记“银行存款”等科目，按照其账面余额，贷记“长期股权投资”，按照其差额，借记“营业外支出”项目。

例 5−10：

2015 年 3 月 1 日，某小企业购入 C 公司发行的股票 6000 股，准备长期持有，该股票价格为每股 8 元，支付税费 3000 元，款项已经通过银行存款支付。3 年后，C 公司因财务状况恶化被撤销。该小企业的会计处理如下：

借：营业外支出　　51000

　贷：长期股权投资——股票投资　　51000

第六章 企业躯体
——固定资产的会计核算

全章概览

固定资产，顾名思义，是指在一段较长的期限内保持原有的实物形态的资产。有人可能笑说“固定资产不就是固定不动的资产吗”，其实很多固定资产确实具有固定不动的特点，比如大型机器设备等。

走进一家制造企业，随处可见的是厂房、机器、设备、生产线，这些都是固定资产，固定资产构成了一个企业的外在实体，也是企业运营的重要组成部分。因此，我们必须对企业固定资产的取得、后续支出、折旧以及盘盈盘亏等核算了如指掌。

第一节　搭建企业的躯体
——固定资产的取得

（一）固定资产的概念与特征

固定资产指为生产产品、提供劳务、出租或经营管理而持有的、使用年限超过一年、单位价值较高的资产。

一般而言，固定资产具有以下四个特征（图 6–1），这也是我们判断一项资产是否属于固定资产的重要依据。

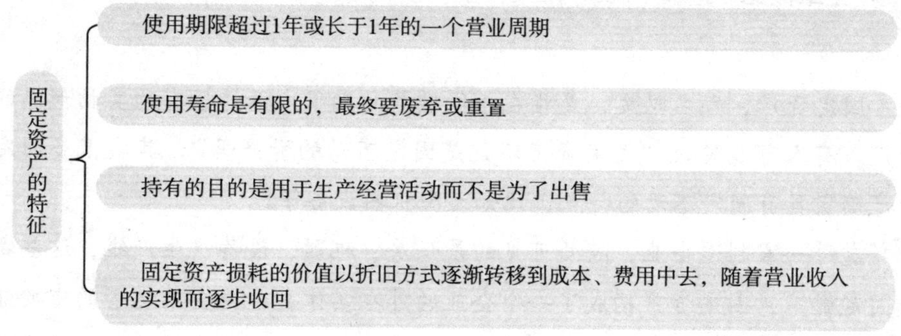

图 6–1　固定资产的特征

小企业应当根据固定资产的定义，结合本企业的具体情况，制定适合于本企业的固定资产目录、分类方法，每类或每项固定资产的折旧年限、折旧方法和预计净残值，作为进行固定资产核算的依据。

（二）固定资产取得时的成本确定

当企业取得一项固定资产时，需要将这项资产记录到自己的会计账簿中去，这就需要会计人员解决一个重要的问题——按照多大的金额进行记录。《小企业会计准则》对此进行了详细的规定，根据取得固定资产的方式不同，固定资产记账价值包含的内容也是不尽相同的（表 6–1）。

表 6–1　固定资产记账价值的确定

总的原则：固定资产入账价值包括企业为购建某项固定资产达到预定可使用状态前所发生的一切合理、必要的支出	
1. 外购固定资产	包括买价、增值税、进口关税等相关税费，以及为使固定资产达到预定可使用状态前所发生的可直接归属于该资产的其他支出，如场地整理费、运输费、装卸费、安装费和专业人员服务费等
2. 自制、自建的固定资产	按建造该项资产达到预定可使用状态前所发生的必要支出作为其成本
3. 投资者投入的固定资产	按投资各方确认的价值作为其成本
4. 融资租入的固定资产	按照租赁协议或者合同确定的价款，加上运输费、途中保险费、安装调试费以及融资租入固定资产达到预定可使用状态前发生的利息支出和汇兑损益后的金额作为其成本
5. 接受捐赠的固定资产	捐赠方提供了有关凭据的，按凭据上标明的金额加上应支付的相关税费，作为固定资产的成本；如果捐赠方未提供有关凭据，则按其市价或同类、类似固定资产的市场价格估计的金额，加上由企业负担的运输费、保险费、安装调试费等作为固定资产成本
6. 盘盈的固定资产	按其市价或同类、类似固定资产的市场价格，减去按该项资产的新旧程度估计的价值损耗后的余额作为其成本
7. 经批准无偿调入的固定资产	经批准无偿调入的固定资产，按调出单位的账面价值加上发生的运输费、安装费等相关费用作为其成本

（三）核算固定资产的常用会计科目

核算固定资产的常用会计科目见表 6–2。

表 6–2　核算固定资产的常用会计科目

科目名称	基本功能	记账规则	余额意义
固定资产	本科目核算小企业生产经营活动中使用的固定资产的原价	借方登记增加的固定资产的原价；贷方登记减少的固定资产的原价	期末余额在借方，反映小企业期末固定资产的账面原价

续表

科目名称	基本功能	记账规则	余额意义
累计折旧	本科目核算小企业固定资产的累计折旧	借方登记减少固定资产转出的折旧额；贷方登记提取的折旧额	期末余额在贷方，反映小企业提取的固定资产折旧累计数
在建工程	本科目核算小企业进行基建工程、安装工程、技术发行工程等发生的实际支出，包括安装设备的价值	借方登记小企业出包或自营基建工程达到预定可使用状态前所发生的全部净支出以及改扩建过程中发生的有关支出；贷方登记基建工程达到预定使用状态转出的实际工程成本	期末余额在借方，反映小企业尚未完工的基建工程发生的各项实际支出
工程物资	本科目核算小企业为建筑工程等购入的各种物资的实际成本，包括为工程设备准备的材料、尚未安装的设备的实际成本等	借方登记企业购入的为工程准备的物资和工程完工后办理退库手续的剩余工程物资；贷方登记领用、盘亏、报废、毁损的工程物资	期末余额在借方，反映小企业为工程购入但尚未领用的材料及购入需要安装设备的实际成本
固定资产清理	本科目核算小企业因出售、报废、毁损等原因转入清理的固定资产价值及在清理过程中所发生的清理费用和清理收入等	借方登记的转入清理的固定资产账面价值的净值、清理过程中发生的清理费用和应交的税费以及结转的固定资产清理后的净收益；贷方登记收回出售固定资产的价款、残料价值和变价收入、应由保险公司或过失人赔偿的损失以及结转的固定资产清理后的净损失	期末余额在借方，反映小企业尚未清理完毕固定资产的净值以及清理净收入

（四）取得固定资产的账务处理

取得固定资产相关业务的账务处理见表6-3。

表6-3　取得固定资产相关业务的账务处理

取得固定资产	
业务1	购入不需要安装的固定资产，按买价加上相关税费以及使固定资产达到预定可使用状态前的其他支出： 借：固定资产 　　应交税费——应交增值税（进项税额） 　贷：银行存款
业务2	购入需要安装的固定资产： （1）为购建资产支付相关费用时： 借：在建工程 　　应交税费——应交增值税（进项税额） 　贷：银行存款（应付账款等科目） （2）待固定资产投入使用时： 借：固定资产 　贷：在建工程
业务3	自行建造完成的固定资产，按建造资产达到预定可使用状态前所发生的必要支出： （1）建造固定资产时： 借：在建工程 　　应交税费——应交增值税（进项税额） 　贷：银行存款（应付账款等科目） （2）在建工程完工，交付使用时： 借：固定资产 　贷：在建工程
业务4	投资者投入的固定资产，按投资各方确认的价值： 借：固定资产 　　应交税费——应交增值税（进项税额） 　贷：实收资本等
业务5	融资租入固定资产，应于租赁开始日： 借：固定资产——融资租入固定资产（按租赁协议或合同确定的价款、运输费、途中保险费、安装调试费以及融资租入固定资产达到预定可使用状态前发生的借款费用等） 　　应交税费——应交增值税（进项税额） 　贷：长期应付款——应付融资租赁款（按租赁协议或合同确定的设备价款） 　　　银行存款等（按支付的其他费用） 租赁期满，如合同规定将固定资产所有权转归承租企业： 借：固定资产——有关明细科目 　　应交税费——应交增值税（进项税额） 　贷：固定资产——融资租入固定资产

续表

取得固定资产	
业务6	接受捐赠的固定资产，按确定的入账价值： 借：固定资产 　　应交税费——应交增值税（进项税额） 　贷：营业外收入
业务7	盘盈的固定资产，按其市价或同类、类似固定资产的市场价格减去按该项资产的新旧程度估计的价值损耗后的余额： 借：固定资产 　　应交税费——应交增值税（进项税额） 　贷：营业外收入
业务8	经批准无偿调入的固定资产，按确定的成本： 借：固定资产 　　应交税费——应交增值税（进项税额） 　贷：资本公积

（1）购入不需安装的固定资产的账务处理案例。

例 6–1：

某小企业购入机器一台，买价为 200000 元，增值税进项税额 26000 元，运杂费 8000 元，增值税进项税额 720 元，均以银行存款付讫，机器设备已交付生产使用。会计分录如下：

借：固定资产　　208000

　　应交税费——应交增值税（进项税额）　　26720

　贷：银行存款　　234720

（2）购入需要安装的固定资产的账务处理案例。

例 6–2：

某小企业以银行存款向外购入磨床一台，买价 500000 元，增值税进项税额 65000 元，支付运杂费、安装费用 7800 元，增值税进项税额

702 元，现已安装完毕，交付生产使用。会计分录如下：

(1) 购入并交付安装：

借：在建工程　500000

　　应交税费——应交增值税（进项税额）　65000

　贷：银行存款　565000

(2) 发生安装费用：

借：在建工程　7800

　　应交税费——应交增值税（进项税额）　702

　贷：原材料、银行存款等　8502

(3) 安装完毕，交付使用：

借：固定资产　507800

　贷：在建工程　507800

（3）自行建造固定资产的账务处理案例。

例 6-3：

某小企业自行建造仓库一座，购入为工程准备的物资 500000 元，支付增值税额为 65000 元。实际领用工程物资 345000 元，剩余物资转为存货；另外还领用了生产用的材料一批，实际成本为 50000 元；支付工程人员工资 50000 元，应负担的辅助生产成本 7800 元。工程达到预定可使用状态并交付使用。会计分录如下：

(1) 购入为工程准备的物资：

借：工程物资　500000

　　应交税费——应交增值税（进项税额）　65000

　贷：银行存款　565000

对于工程物资，在营改增之后，由于增值税的进项税额可以抵扣，因此增值税的进项税额不记入工程物资的成本之中。

(2) 工程领用工程物资：

借：在建工程——建筑工程（仓库） 345000

贷：工程物资 345000

(3) 工程领用材料：

借：在建工程——建筑工程（仓库） 50000

贷：原材料 50000

(4) 分配工程人员工资费用：

借：在建工程——建筑工程（仓库） 50000

贷：应付职工薪酬 50000

(5) 应负担的辅助生产成本：

借：在建工程——建筑工程（仓库） 7800

贷：生产成本——辅助生产成本 7800

(6) 固定资产建造完工，交付生产使用：

借：固定资产 452800

贷：在建工程——建筑工程（仓库） 452800

(7) 剩余工程物资转为存货：

借：原材料 155000

贷：工程物资 155000

例 6-4：

某小企业将一幢厂房的工程出包给 A 企业承建，按规定先预付承包单位工程款 800000 元，工程完工后，收到承包单位的有关工程结算账单，补付工程款 100000 元，工程完工经验收后交付使用。建筑施工行业的增值税税率为 9%。会计分录如下：

(1) 按规定预付承包单位工程款：

借：在建工程——建筑工程（厂房） 800000

应交税费——应交增值税（进项税额） 72000

贷：银行存款　　872000

(2) 收到承包单位账单，补付工程款：

借：在建工程——建筑工程（厂房）　　100000

应交税费——应交增值税（进项税额）　　9000

贷：银行存款　　109000

(3) 工程完工，交付生产使用：

借：固定资产　　900000

贷：在建工程——建筑工程（厂房）　　900000

（4）投资者投入固定资产的账务处理案例。

例 6–5：

某小企业向本企业投资厂房一幢，该厂房经投资双方确定的价值为 800000 元。转让不动产的增值税税率为 9%。会计分录如下：

借：固定资产　　800000

应交税费——应交增值税（进项税额）　　72000

贷：实收资本　　872000

（5）融资租入固定资产的账务处理案例。

例 6–6：

某小企业以融资租赁方式租入设备一台，租期 5 年，该设备在租赁开始日按租赁合同确定的价款 450000 元，增值税进项税额 58500 元，同时以银行存款支付途中运输等费用 8000 元，增值税进项税额 720 元。租赁期满，资产产权转归承租企业。会计分录如下：

(1) 租入设备时：

借：固定资产——融资租入固定资产　　458000

　　应交税费——应交增值税（进项税额）　　59220

　贷：长期应付款——应付融资租赁款　　450000

　　　银行存款　　67220

(2) 租赁期满，资产产权转入企业时：

借：固定资产——生产经营用固定资产　　458000

　贷：固定资产——融资租入固定资产　　458000

（6）接受捐赠固定资产的账务处理案例。

例 6–7：

某小企业收到外单位捐赠的汽车一辆，同类资产市场价格为 350000 元，接受汽车时发生运输费、保险费共计 8000 元，估计折旧为 140000 元。会计分录如下：

借：固定资产　　218000

　贷：营业外收入　　210000

　　　银行存款　　8000

（7）盘盈固定资产的账务处理案例。

例 6–8：

某小企业盘盈机器一台，同类机器的市场价格为 50000 元，估计折旧 35000 元。会计分录如下：

借：固定资产　　15000

　贷：营业外收入　　15000

（8）无偿调入的固定资产的账务处理案例。

经批准无偿调入的固定资产，按确定的成本，借记“固定资产”科目，贷记“资本公积”科目。

例 6-9：

某小企业经批准无偿调入一台设备，该设备原价 50000 元，已提折旧 15000 元，调入过程中以银行存款支付运输费、包装费等 6000 元。会计分录如下：

借：固定资产　　41000

　贷：资本公积　　35000

　　　银行存款　　6000

第二节　好躯体还得进行保养
——固定资产的后续支出

小企业的固定资产在投入使用后，为了提高固定资产的性能及延长其使用寿命，会发生各种支出。这些支出按其性质不同可分为两类：一类是资本性支出，另一类是费用性支出。

（一）资本化的后续支出会计处理

与固定资产有关的后续支出，如果使可能流入企业的经济利益超过了原先的估计，则应当计入固定资产账面价值。《小企业会计准则》规定，与固定资产有关的后续支出，如果可能流入企业的经济利益超过了原先的估计，如对厂房进行改建延长了厂房等固定资产的使用寿命；对设备的改造提升了固定资产的生产能力；对生产线的改善大大降低了产品的成本等都表明后续支出提高了固定资产原定的创利能力，应将后续支出予以资本化。可资本化的固定资产后续支出发生时，借记“在建工程”等科目，贷记“银行存款”等科目。

例 6–10：

某小企业扩建一生产车间用房，该房原值 500000 元，已提折旧 120000 元。扩建中实际发生成本支出 180000 元，增值税进项税额 16200 元。拆除部分的变价收入 30000 元，发生的支出符合资本化的条件。工程已完工交付生产使用。会计分录如下：

(1) 固定资产转入扩建时：

借：在建工程　　380000

　　累计折旧　　120000

　贷：固定资产　　500000

(2) 发生有关支出时：

借：在建工程　　180000

　　应交税费——应交增值税（进项税额）　　16200

　贷：银行存款等　　196200

(3) 收到拆除部分的变价收入时：

借：银行存款　　33900

　贷：在建工程　　30000

　　　应交税费——应交增值税（销项税额）　　3900

(4) 工程完工时：

借：固定资产　　530000

　贷：在建工程　　530000

（二）费用化的后续支出会计处理

费用化的后续支出不能提高相关固定资产原先预计的创利能力，则应在其发生时确认为费用。如固定资产大修理、中小修理等维护性支出。这些支出不能计入固定资产价值，应于发生时作为当期费用。

例 6–11：

某小企业管理部门的车辆委托修理厂进行经常性修理，支付修理费6000 元，增值税进项税额 360 元。用银行存款转账支付。做会计分录如下：

借：管理费用　　6000

　　应交税费——应交增值税（进项税额）　　360

　贷：银行存款　　6360

第三节　固定资产价值转移渠道——折旧

固定资产折旧是指固定资产在使用过程中，逐渐损耗而消失的这部分价值。固定资产损耗的这部分价值，应当在固定资产的有效使用年限内进行分摊，形成折旧费用，计入各期成本。固定资产折旧计入生产成本的过程，即是随着固定资产价值的转移，以折旧的形式在产品销售收中得到补偿，并转化为货币资金的过程。

（一）影响固定资产折旧的因素

影响固定资产折旧的主要因素，如图 6–2 所示。

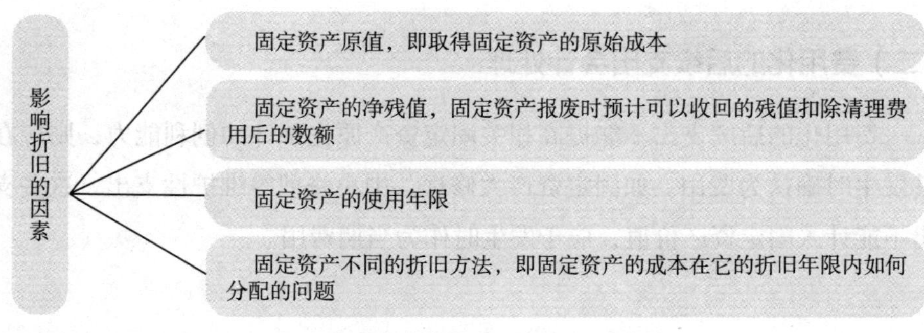

图 6-2　影响固定资产折旧的主要因素

（二）固定资产折旧的范围

确定固定资产折旧的范围，一是要从空间上确定哪些固定资产应当提取折旧，哪些固定资产不应当提取折旧；二是要从时间范围上确定应提折旧的固定资产什么时间开始提取折旧，什么时间停止提取折旧。详见图 6-3。

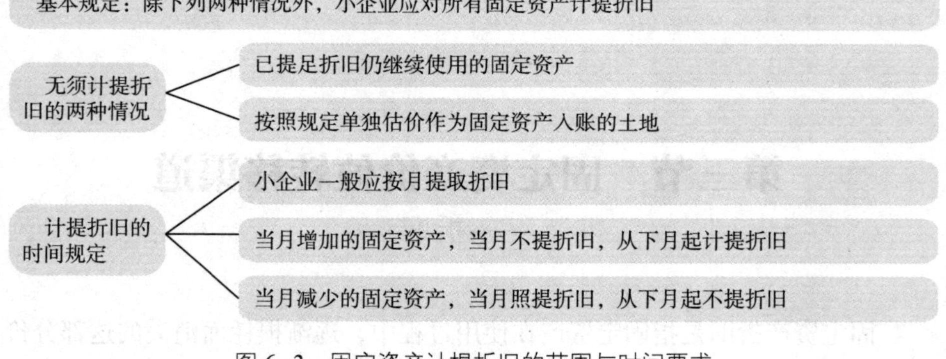

图 6-3　固定资产计提折旧的范围与时间要求

（三）固定资产折旧方法

小企业固定资产的折旧方法包括年限平均法、工作量法、年数总和法、双倍余额递减法等。折旧方法一经确定，不得随意变更。如需变更，应将变更的内容及原因在变更当期会计报表附注中进行说明。

（1）年限平均法（表 6-4）。

表 6–4　年限平均法的基本内容

概念	年限平均法又称直线法，是指按固定资产使用年限平均计算折旧的一种方法。按照这种方法计算提取的折旧额，在各个使用年份或月份都是相等的，折旧的积累额呈直线上升趋势
基本计算公式	固定资产年折旧额＝[固定资产原价 –（预计残值收入 – 预计清理费用）]/固定资产预计使用年限
常用推导公式	（1）固定资产月折旧额＝固定资产年折旧额 /12 （2）固定资产年折旧率＝（1– 预计净残值率）÷ 固定资产预计使用年限 （3）固定资产月折旧率＝固定资产年折旧率 ÷12 （4）固定资产月折旧额＝固定资产原价 × 固定资产月折旧率

例 6–12：

某小企业一项生产设备原价为 50000 元，预计使用年限为 10 年，预计残值收入为 4000 元，预计清理费用为 1500 元，则：

固定资产年折旧额＝ [50000 –（4000–1500）]/10 ＝ 4750 元 / 年

固定资产月折旧额＝（4750÷12）＝ 395.83 元 / 月

固定资产年折旧率＝ [50000 –（4000 – 1500）]÷（10×50000）＝ 9.5%

固定资产月折旧率＝ 9.5% ÷12 ＝ 0.79%

固定资产月折旧额＝ 50000 元 ×0.79%＝ 395 元

按年限平均法计算折旧简便易行，但此法只有在固定资产各个期间使用程度比较均衡的情况下才较为合理。

（2）工作量法（表 6–5）。

表 6–5　工作量法的基本内容

概念	工作量法是按固定资产在规定的折旧年限内可以完成工作量的比例计算折旧额的一种方法，这里的工作量指小时数、产量数、行驶里程数、工作台班数等
基本计算公式	单位工作量折旧＝固定资产原值 ×（1– 预计净残值率）÷ 预计总工作量
常用推导公式	某项固定资产月折旧额＝单位工作量折旧额 × 该项固定资产当月工作量

例 6–13：

某小企业的一辆运货卡车，原值为 100000 元，预计总行驶里程为 96 万公里，预计净残值率为 4%，本月行驶 5000 公里。本月的折旧额计算如下：

每公里折旧额 = 100000×（1−4%）÷960000=0.1（元／小时）

本月折旧额 = 0.1×500=50（元）

（3）加速折旧法。加速折旧法，是指在固定资产使用的前期多提折旧，从而使固定资产的成本在其折旧年限中加快得到补偿的一种折旧方法。采用这种方法，每期计提的折旧数额，随时间的增加而逐渐减少，因此这种方法也称递减折旧法。加速折旧法的种类很多，主要有双倍余额递减法和年数总和法。

①双倍余额递减法（表 6–6）。

表 6–6　双倍余额递减法的基本内容

概念	以固定的、加倍的直线折旧率应用于递减的账面净值来计算折旧的方法
基本计算公式	双倍直线年折旧率＝2×（1÷ 预计使用年限 ×100％）
常用推导公式	年折旧额＝年初固定资产账面净值 × 双倍直线年折旧率
注意问题	（1）各年计提折旧后，固定资产账面净值不能降低到固定资产预计净残值以下。 （2）在某一折旧年度，按双倍余额递减法计算的折旧额小于按直线法计算的折旧额，应改为直线法计提折旧

例 6–14：

某项固定资产原值为 30000 元，预计使用年限为 8 年，预计净残值为 900 元。

根据计算出的折旧率，计算各年的折旧额见表 6–7。

表 6-7　折旧计算表（双倍余额递减法）

单位：元

年次	年折旧额	累计折旧	账面净值
1	30000×25％＝7500	7500	22500
2	22500×25％ =5625	13125	16875
3	16875×25％ =4218.75	17343.75	12656.25
4	12656.25×25％＝3164.06	20507.81	9492.19
5	9492.19×25％＝2373.05	22880.86	7119.14
6	7119.14×25％＝1779.79	24660.65	5339.35
7	（5339.35-900）/2＝2219.68	26880.33	3119.67
8	（5339.35-900）/2＝2219.67	29100	900

②年数总和法（表 6-8）。

表 6-8　年数总和法的基本内容

概念	年数总和法又称年数比例法或年限积数法，是以固定资产的原值减去预计净残值后的净额为基数，以一个逐年递减的分数为折旧率，计算各年固定资产折旧额的一种方法。在这种方法下，计提折旧的基数是固定不变的，折旧率依据固定资产的使用年限来确定，且各年折旧率呈递减趋势，因此，计算出来的折旧额也呈递减趋势
基本计算公式	年折旧额＝尚可使用年限 ÷［预计使用年限 ×（1＋预计使用年限）÷2］
常用推导公式	年折旧额＝（固定资产原值－预计净残值）× 年折旧率 月折旧额＝（固定资产原值－预计净残值）× 月折旧率

（四）固定资产折旧的账务处理

固定资产折旧的总分类核算，一般应先编制“固定资产折旧计算表”和“固定资产折旧计算汇总表”，然后再据以进行账务处理（表 6-9）。

表 6-9 固定资产折旧业务的账务处理

固定资产折旧	
业务	按月计提固定资产折旧： 借：制造费用、管理费用等 贷：累计折旧

例 6-15：

A 小企业是一家生产型企业，2018 年 4 月，该企业计提固定资产折旧的情况见表 6-10。

表 6-10 A 企业 2018 年 4 月折旧计算表

使用部门	固定资产项目	上月折旧额	上月增加固定资产		上月减少固定资产		本月折旧额	分配费用
			原价	折旧额	原价	折旧额		
A车间	厂房	3000					3000	制造费用
	机器设备	15000					15000	制造费用
	其他设备	900					900	制造费用
	小计	18900					18900	
B车间	厂房	2000					2000	制造费用
	机器设备	12000	40000	200			12200	制造费用
	小计	14000	40000	200			14200	
C车间	厂房	2100					2100	制造费用
	机器设备	14000			30000	900	13100	制造费用
	小计	16100			30000	900	15200	

续表

使用部门	固定资产项目	上月折旧额	上月增加固定资产		上月减少固定资产		本月折旧额	分配费用
			原价	折旧额	原价	折旧额		
厂部管理部门	房屋建筑	1200					1200	管理费用
	运输工具	1500					1500	管理费用
	小计	2700					2700	
合计		51700	40000	200	30000	900	51000	

根据上述固定资产折旧计算表编制如下会计分录：

借：制造费用——A 车间　　18900

　　——B 车间　　14200

　　——C 车间　　15200

　　管理费用——厂部管理部门　　2700

贷：累计折旧　　51000

第四节　不适用不需用的固定资产怎么办

——固定资产处置

企业在生产经营过程中，对那些不适用或不需用的固定资产，可以出售转让，也可以用固定资产对外投资、捐赠、抵偿债务，还可能由于调拨、盘亏等原因发生固定资产的减少。

（一）处置固定资产相关业务的账务处理

处置固定资产相关业务的账务处理见表 6–11。

表 6-11　处置固定资产相关业务的账务处理

<table>
<tr><th colspan="2">减少固定资产的账务处理</th></tr>
<tr><td>业务1</td><td>投资转出的固定资产：
（1）转出资产时：
借：固定资产清理（按转出固定资产的账面价值）
　　累计折旧（按投出固定资产已提折旧）
　贷：固定资产（按投出固定资产的账面原价）
（2）支付相关税费时：
借：固定资产清理（按投出固定资产应支付的相关税费）
　贷：银行存款（应交税费）（按投出固定资产应支付的相关税费）
（3）确认相关长期投资时：
借：长期股权投资（按“固定资产清理”科目余额）
　贷：固定资产清理（按“固定资产清理”科目余额）</td></tr>
<tr><td>业务2</td><td>因出售、报废和毁损等原因减少的固定资产：
（1）出售、报废和毁损的固定资产转入清理：
借：固定资产清理（按固定资产账面净值）
　　累计折旧（按已提折旧）
　贷：固定资产（按固定资产原价）
（2）清理过程中发生的费用以及应交的税费：
借：固定资产清理
　贷：银行存款
　　　应交税费等
（3）收回出售固定资产的价款、残料价值和变价收入等：
借：银行存款
　　原材料等
　贷：固定资产清理
　　　应交税费——应交增值税（销项税额）
（4）应由保险公司或过失人赔偿的损失：
借：其他应收款
　贷：固定资产清理
（5）生产经营期间产生的固定资产清理净收益：
借：固定资产清理
　贷：营业外收入
（6）生产经营期间产生的固定资产清理净损失：
借：营业外支出
　贷：固定资产清理</td></tr>
<tr><td>业务3</td><td>盘亏的固定资产：
借：营业外支出（按固定资产账面净值）
　　累计折旧（按已提折旧）
　贷：固定资产（按固定资产原价）</td></tr>
</table>

续表

减少固定资产的账务处理	
业务4	捐赠转出的固定资产： 借：固定资产清理（按固定资产净值） 　累计折旧（按已提折旧） 　贷：固定资产（按账面原价） 借：固定资产清理（按应支付的相关税费） 　贷：银行存款等 借：营业外支出（按“固定资产清理”科目的余额） 　贷：固定资产清理

（二）处置固定资产相关业务的账务处理案例

（1）投资转出固定资产的账务处理案例。

例 6–16：

某小企业向外单位投资转出仓库一幢，原价为 300000 元，已提折旧 60000 元。会计分录如下：

借：固定资产清理　240000
　累计折旧　60000
　贷：固定资产　300000
借；长期股权投资　240000
　贷：固定资产清理　240000

（2）捐赠固定资产的账务处理案例。

例 6–17：

某小企业将 1 台账面原值为 50000 元，已提折旧为 21000 元的设备捐赠给另一单位，捐出时支付运杂费 500 元。做会计分录如下：

(1) 注销捐赠资产价值：

借：固定资产清理　　29000

　　累计折旧　　21000

　贷：固定资产　　50000

(2) 发生清理费用：

借：固定资产清理　　500

　贷：库存现金　　500

(3) 确认相应的营业外支出：

借：营业外支出——捐赠支出　　29500

　贷：固定资产清理　　29500

（3）盘亏的固定资产的账务处理案例。

例 6–18：

某小企业盘亏机器一台，原价 58000 元，已提折旧 48000 元。会计分录如下：

借；营业外支出　　10000

　　累计折旧　　48000

　贷：固定资产　　58000

（4）出售固定资产的账务处理案例。

例 6–19：

某小企业出售不需用的车床一台，原始价值 120000 元，已提折旧 45000 元。用银行存款支付清理费用 3000 元，取得变卖收入 80000 元。做会计分录如下：

(1) 转入清理时：

借：固定资产清理　　75000

　累计折旧　　45000

　贷：固定资产　　120000

(2) 发生清理费用时：

借：固定资产清理　　3000

　贷：银行存款　　3000

(3) 取得变卖收入时：

借：银行存款　　80000

　贷：固定资产清理　　80000

(4) 结转清理净收益时：

借：固定资产清理　　2000

　贷：营业外收入　　2000

（5）固定资产的报废和毁损的账务处理案例。

例 6–20：

某小企业生产车间 W 机器设备已到规定的使用年限，决定实行报废，该机器的原始价值为 40000 元，预计的净残值率为 3%。清理过程中，实际支付清理费用 800 元，取得残料变价收入 1800 元。会计分录如下：

该项机器的预计残值为 40000 元 ×3% =1200 元，由于该机器已到规定的使用年限，故已提折旧数额为 40000 元 −1200 元 =38800 元。

(1) 注销固定资产和累计折旧的价值时：

借：固定资产清理　　1200

　累计折旧　　38800

贷：固定资产　　40000

(2) 支付清理费用时：

借：固定资产清理　　800

贷：银行存款　　800

(3) 取得残料变价收入时：

借：银行存款　　1800

贷：固定资产清理　　1800

(4) 结转清理净损失时：

借：营业外支出　　200

贷：固定资产清理　　200

第七章 看不见的真金白银

——小企业无形资产（长期待摊费用的会计核算）

● 全章概览

一位管理大师曾说过，可口可乐最宝贵的资产不是厂房设备，而是其秘不外宣的可口可乐配方及商标所有权。可见，看不见的无形资产不见得就比看得见的真金白银差。在知识经济的社会中，重视无形资产的创造和管理是现代企业的最大特征。

我们来看一下2017年全球品牌价值排行榜，名列前十的分别为：谷歌、苹果、亚马逊、AT&T、微软、三星、Verizon、沃尔玛、脸书、中国工商银行。其中绝大多数都是美国企业，中国企业仅上榜一家。可见在品牌价值创造这条道路上，我国企业任重道远。

当然，品牌价值（商标权）只是无形资产的一个很小的部分，通过这章的学习，我们将对无形资产有比较深入的了解。

第一节　眼中无形，心中有形
——无形资产的会计核算

（一）无形资产及其特征

无形资产是指小企业为生产商品或者提供劳务、出租给他人，或为管理目的而持有的、没有实物形态的非货币性长期资产，如商标权、专利权、非专利技术、特许经营权、著作权、土地使用权等。

无形资产与其他的资产相比，具有以下主要特征（图 7–1）。

非实体性	垄断性	不确定性	共享性	高效性
一方面无形资产没有人们感官可感触的物质形态，只能从观念上感觉它。它或者表现为人们心目中的一种形象，或者以特许权形式表现为社会关系范畴；另一方面，它在使用过程中没有有形损耗，报废时也无残值	有些无形资产在法律制度的保护下，禁止非持有人无偿地取得，排斥他人的非法竞争，如专利权、商标权等；还有些无形资产不能与企业整体分离，如商业信誉	一方面，无形资产的有效期因技术进步和市场变化的影响很难准确确定；另一方面，由于有效期不稳定，所以其具有不确定性	无形资产有偿转让后，可以由几个主体同时共有，而固定资产和流动资产不可能同时在两个或两个以上的企业中使用，例如，商标权受让企业可以使用，同时出让企业也可以使用	无形资产能给企业带来远远高于其成本的经济效益。企业无形资产越丰富，则其获利能力越强，反之，企业的无形资产短缺，则企业的获利能力就弱，市场竞争力也就越差

图 7–1　无形资产的主要特征

（二）无形资产的内容

《小企业会计准则》按无形资产的可辨认性对无形资产进行分类。无形资产可分为可辨认无形资产和不可辨认无形资产。可辨认无形资产包括专利权、非专利技术、商标权、著作权、土地使用权、特许权等；不可辨认无形资产是指商誉（表 7–1）。

表 7-1　无形资产的主要内容

无形资产内容	
专利权	国家专利主管机关授予发明创造专利申请人，对其发明创造在法定期限内所享有的专有权利，包括发明专利权、实用新型专利权和外观设计专利权等
非专利技术	也称专有技术，是指不为外界所知、在生产经营活动中已采用了的、不享有法律保护的各种技术和经验。非专利技术一般包括工业专有技术、商业贸易专有技术和管理专有技术等
商标权	商标是用来辨认特定的商品或劳务的标记。商标权指专门在某类指定的商品或产品上使用特定的名称或图案的权利。商标权包括独占使用权和禁止权两个方面。独占使用权指商标权享有人在商标的注册范围内独家使用其商标的权利；禁止权指商标权享有人排除和禁止他人对商标独占使用权进行侵犯的权利
著作权	又称版权，指作者对其创作的文学、科学和艺术作品依法享有的某些特殊权利。著作权包括两方面的权利，即精神权利（人身权利）和经济权利（财产权利）
土地使用权	国家准许某企业在一定期间内对国有土地享有开发、利用、经营的权利。根据我国《土地管理法》的规定，我国土地实行公有制，任何单位和个人不得侵占、买卖或者以其他形式非法转让。企业取得土地使用权的方式大致有行政划拨取得、外购取得和投资者投入取得等几种形式
特许权	又称经营特许权或专营权，指企业在某一地区经营或销售某种特定商品的权利或是一家企业接受另一家企业使用其商标、商号、技术秘密等的权利。前者一般是由政府机构授权，准许企业使用或在一定地区享有经营某种业务的特权，如水、电、邮电通讯等专营权，烟草专卖权等；后者指企业间依照签订的合同，有限期或无限期使用另一家企业的某些权利，如连锁分店使用总店的名称等

（三）无形资产的确认

无形资产确认是指将符合无形资产确认条件的项目，作为企业的无形资产加以记录并将其列入企业资产负债表的过程。小企业会计准则规定，小企业某个项目要确认为无形资产，首先必须符合无形资产的定义，其次还要符合图 7-2 所示的两个条件。

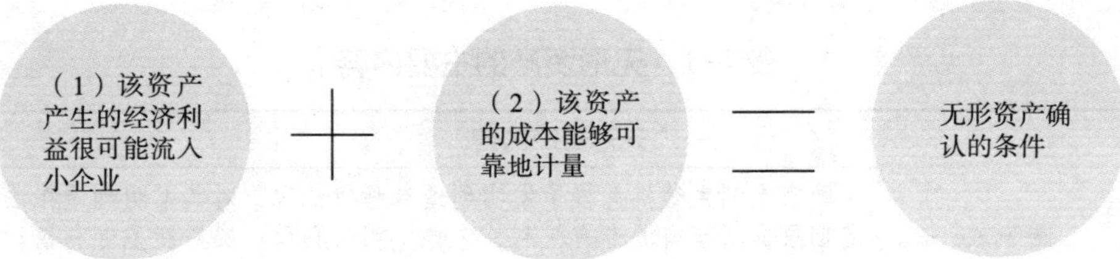

图 7-2　确认无形资产的主要条件

（四）无形资产的计价

《小企业会计准则》按无形资产取得方式的不同，对无形资产成本的确定作了明确的规定（图 7-3）。

（1）购入的无形资产，按实际支付的价款作为实际成本

↓

（2）投资者投入的无形资产，按投资各方确认的价值作为实际成本

↓

（3）接受捐赠的无形资产，捐赠方提供了有关凭据的，按凭据上标明的金额加上支付的相关税费，作为实际成本；捐赠方未提供有关凭据的，按其市价或同类无形资产的市价作为实际成本

↓

（4）自行开发并按法律程序申请取得的无形资产，按依法取得时发生的注册费、律师费等作为其实际成本。研究开发过程中发生的材料费用、直接参与开发人员的工资及福利费等研发费在发生时计入当期损益

↓

（5）购入土地使用权，或以支付土地出让金方式取得的土地使用权，按照实际支付的价款作为实际成本，并作为无形资产核算，待该项土地开发时再将其账面价值转入相关在建工程

图 7-3　无形资产的计价

（五）无形资产取得的会计核算

小企业应设置“无形资产”账户核算无形资产的取得、价值摊销及处置等。该账户是资产类账户，其借方反映企业所取得的各种无形资产的价值；贷方反映企业无形资产的价值摊销和处置，余额在借方，反映尚未摊销的无形资产价值。该账户按无形资产的类别设置明细账户进行明细核算。无形资

产的会计核算如图 7–4 所示。

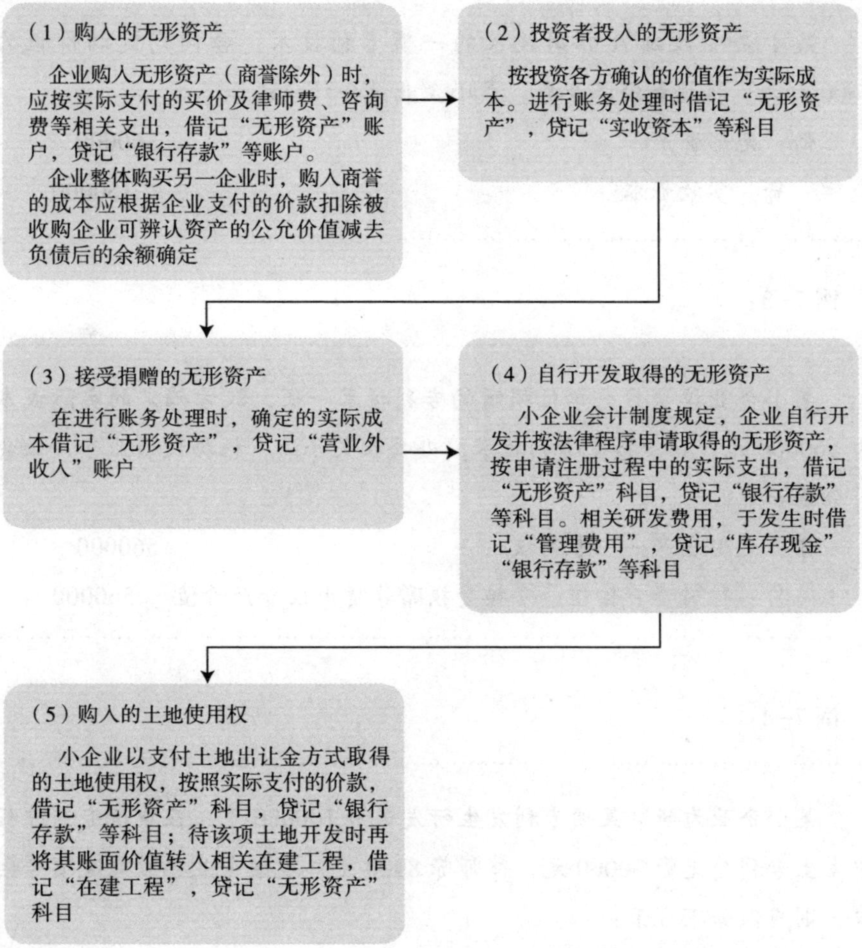

（1）购入的无形资产

企业购入无形资产（商誉除外）时，应按实际支付的买价及律师费、咨询费等相关支出，借记“无形资产”账户，贷记“银行存款”等账户。

企业整体购买另一企业时，购入商誉的成本应根据企业支付的价款扣除被收购企业可辨认资产的公允价值减去负债后的余额确定

（2）投资者投入的无形资产

按投资各方确认的价值作为实际成本。进行账务处理时借记“无形资产”，贷记“实收资本”等科目

（3）接受捐赠的无形资产

在进行账务处理时，确定的实际成本借记“无形资产”，贷记“营业外收入”账户

（4）自行开发取得的无形资产

小企业会计制度规定，企业自行开发并按法律程序申请取得的无形资产，按申请注册过程中的实际支出，借记“无形资产”科目，贷记“银行存款”等科目。相关研发费用，于发生时借记“管理费用”，贷记“库存现金”“银行存款”等科目

（5）购入的土地使用权

小企业以支付土地出让金方式取得的土地使用权，按照实际支付的价款，借记“无形资产”科目，贷记“银行存款”等科目；待该项土地开发时再将其账面价值转入相关在建工程，借记“在建工程”，贷记“无形资产”科目

图 7–4 无形资产的会计核算

例 7–1：

某小企业购买新产品 A 的专利权，价款为 350000 元。发生业务洽谈、技术考察等相关费用 9800 元，价款已从银行存款中付讫。做分录如下：

借：无形资产——专利权　　359800

　贷：银行存款　　359800

例 7–2：

某小企业收到 A 公司投入的一项专利技术，合同约定的价值为 360000 元。根据该经济业务，该小企业做会计分录如下：

借：无形资产　　360000

　贷：实收资本　　360000

例 7–3：

某小企业接受另一单位捐赠的专利技术一项，双方确定的实际成本为 560000 元。企业接受专利技术，办妥相关手续，根据该项业务，做会计分录如下：

借：无形资产——专利权　　560000

　贷：待转资产价值——接受捐赠非货币性资产价值　　560000

例 7–4：

某小企业为研制某项专利发生研发费用 100000 元，在申请专利过程中发生专利登记费 30000 元，律师费 8900 元，现该企业已取得这项专利权，则应做如下分录：

（1）研发过程发生的费用：

借：管理费用　　100000

　贷：银行存款　　100000

（2）申请专利所有权时发生的费用：

借：无形资产——专利权　　38900

　贷：银行存款　　38900

例 7-5：

某小企业以 590000 元的价格购得一块荒地的使用权，欲开发建造办公楼一幢。则取得土地使用权时，做分录如下：

借：无形资产——土地使用权　590000

　贷：银行存款　590000

待该土地开发时做如下分录：

借：在建工程　590000

　贷：无形资产——土地使用权　590000

（六）无形资产的摊销

无形资产应当自取得当月起在预计使用年限内分期平均摊销，计入损益。摊销无形资产价值时，借记“管理费用——无形资产摊销”，贷记“无形资产”。如预计使用年限超过了相关合同规定的受益年限或法律规定的有效年限，该无形资产的摊销年限按如下原则确定：

无形资产应当自取得当月起按直线法分期平均摊销，计入损益。其摊销年限应按图 7-5 所示原则确定。

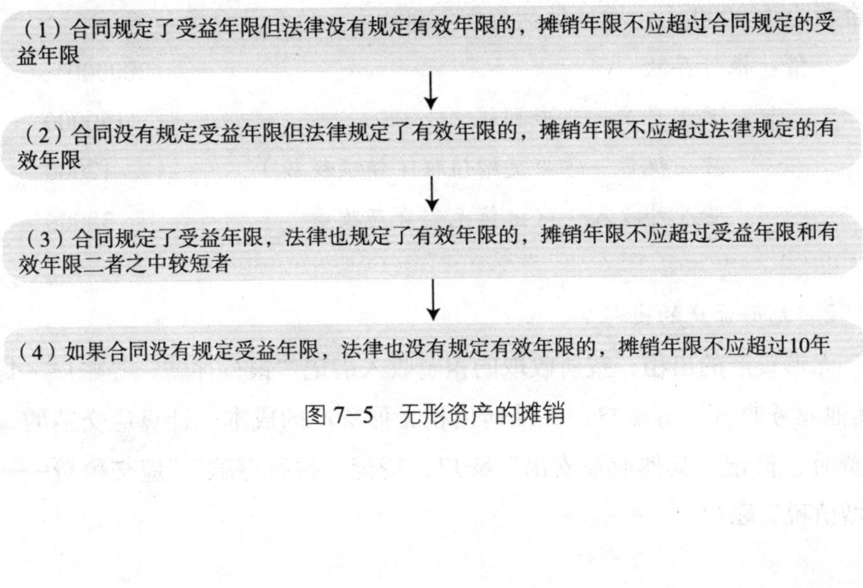

（1）合同规定了受益年限但法律没有规定有效年限的，摊销年限不应超过合同规定的受益年限

↓

（2）合同没有规定受益年限但法律规定了有效年限的，摊销年限不应超过法律规定的有效年限

↓

（3）合同规定了受益年限，法律也规定了有效年限的，摊销年限不应超过受益年限和有效年限二者之中较短者

↓

（4）如果合同没有规定受益年限，法律也没有规定有效年限的，摊销年限不应超过10年

图 7-5　无形资产的摊销

例 7–6：

某小企业前一年取得的一项著作权的有效年限为 10 年，该专利权入账价值为 72000 元，则月末做会计分录如下：

月摊销额＝无形资产价值 ÷（摊销年限 ×12）＝ 72000÷（10×12）＝ 600（元）

借：管理费用——无形资产摊销　　600

　贷：无形资产——著作权　　600

（七）无形资产的处置

1. 无形资产的出售

无形资产出售时，应将所得价款与无形资产的账面价值之间的差额计入当期损益。

例 7–7：

某小企业将一项专利权出售，取得收入 200000 元，该专利权的账面余额为 150000 元，增值税税额为 12000 元。做会计分录如下：

借：银行存款　　200000

　贷：无形资产——专利权　　150000

　　应交税费——应交增值税（销项税额）　　12000

　　营业外收入——出售无形资产收益　　38000

2. 无形资产的出租

无形资产的出租，按所收取的租金收入借记“银行存款”等账户，贷记“其他业务收入”等账户；在结转出租无形资产的成本、计算应交纳的营业税费时，借记“其他业务支出”账户，贷记“银行存款”“应交税费——应交增值税”账户。

例 7–8：

某小企业将拥有的一项软件的使用权转让给 A 公司，一次性收费 500000 元，不提供后续服务。增值税税额为 30000 元。企业应确认收入 500000 元。做会计分录如下：

借：银行存款　　530000

　贷：其他业务收入　　500000

　　　应交税费——应交增值税（销项税额）　　30000

第二节　长期待摊费用

长期待摊费用是指企业已经支出，但摊销期限在 1 年以上（不含 1 年）的各项费用，包括固定资产大修理支出、租入固定资产的改良支出等。应当由本期负担的借款利息、租金等，不得作为长期待摊费用处理。

长期待摊费用应当单独核算，在费用项目的受益期限内分期平均摊销。固定资产大修理支出采用待摊方法的，实际发生的大修理支出应当在大修理间隔期内平均摊销；租入固定资产改良支出应当在租赁期限与租赁资产尚可使用年限两者孰短的期限内平均分摊；其他长期待摊费用应当在受益期内平均摊销。

小企业在筹建期间内发生的费用，包括人员工资、办公费、培训费、差旅费、印刷费、注册登记费以及不计入固定资产价值的借款费用等，应于发生时，借记“长期待摊费用”科目，贷记有关科目；在开始生产经营的当月转入当期损益，借“管理费用”科目，贷记“长期待摊费用”科目。

小企业发生的长期待摊费用，借记“长期待摊费用”，贷记“银行存款”“原材料”等科目。摊销时，借记“制造费用”“销售费用”“管理费用”等科目，贷记“长期待摊费用”。

例 7–9：

某小企业年初对办公用房进行修理，领用修理备件及维修材料 300000 元（暂不考虑增值税进项税额转出），以银行存款支付修理人员工资 60000 元，修理费用总额 360000 元，费用在两年内平均摊销。做会计分录如下：

借：长期待摊费用　　360000

　贷：原材料　　300000

　　　银行存款　　60000

每月摊销时：

借：管理费用　　15000

　贷：长期摊销费用　　15000

第八章 无债并非一身轻

——流动负债的会计核算

● 全章概览

可以说“借鸡生蛋”是对企业负债经营原因的最好阐述，即借用别人的钱进行经营。在现代的商业社会中，不再会存在无债一身轻的公司，学会用别人的钱做自己的事将是企业家的重要任务。负债经营（银行借款、发行债券）对企业存在着杠杆效应，其原因在于借款利息是可以在税前扣除的。除了借款之外，企业在经营过程中会产生一些应付项目，这些项目是企业“无成本”的天然的负债。流动负债科目的内容比较多，希望通过本章的学习，在读者脑海里能有个较为清晰的认识。

第一节　天然的负债
——应付账款、应付票据

(一) 应付账款入账时间的确定

应付账款指因购买材料、商品或接受劳务供应等而发生的应付给供应单位的款项。这是买卖双方在购销活动中由于取得材料、商品或接受劳务与支付货款在时间上不一致而产生的负债。

应付账款的入账时间应以采购物资所有权转移至本单位的时间或实际上已接受约定劳务的时间为标志。所谓所有权转移至本单位，是指物资到达验收入库，或依合同规定物资所有权已发生转移。但在实际工作中，应区别情况处理，详见表 8-1。

表 8-1　应付账款入账时间确定

不同情况下应付账款的入账时间	
在物资和发票账单同时到达时	应付账款一般待物资验收入库后，才按发票账单登记入账。这主要是为了确认所购入的物资是否在质量、数量和品种上都与合同上订明的条件相符，以免因先入账而在验收入库时发现购入物资错、漏、破损等问题再行调账
在物资和发票账单不是同时到达时	由于应付账款要根据发票账单登记入账，有时候货物已到发票账单要间隔较长时间才能到达，但由于这笔负债已经成立，应作为一项负债反映。为在“资产负债表”上客观反映企业所拥有的资产和承担的债务，在实际中采用在月份终了将所购物资和应付债务估计入账，待下月初再用红字予以冲回的办法

（二）应付账款入账金额的确定

应付账款按发票上记载的金额入账。若存在折扣，应视下面两种情况分别处理，详见表 8-2。

表 8-2　确定应付账款的入账金额

如果存在商业折扣	如果存在现金折扣
购货后应根据发票价格即扣除了商业折扣后的金额入账	购货方应根据发票上记载的应付金额即未扣除现金折扣的金额入账，待实际发生折扣时，再将折扣的金额计入当期财务费用

（三）应付账款的会计处理

为了核算小企业因购买材料、商品和接受劳务供应等而产生的应付账款及其偿还情况，应设置“应付账款”科目。该科目借方反映已经支付或已转销的款项，贷方反映单位应支付的款项，期末贷方余额反映小企业尚未支付的应付账款，详见图 8-1。

小企业购入材料、商品等，待验收入库且款项未支付时，根据有关凭证，借记“原材料”“库存商品”等科目，按专用发票上注明的增值税额，借记“应交税费——应交增值税（进项税额）”等科目，按该两项科目的合计金额，贷记“应付账款”科目

↓

小企业接受外单位提供劳务，根据供应单位的发票账单，借记“生产成本”“管理费用”等科目，贷记“应付账款”科目。支付款项时，借记“应付账款”科目，贷记“银行存款”科目。若小企业以商业汇票抵付应付账款，则借记“应付账款”科目，贷记“应付票据”科目

↓

应付账款应在短期内支付，若有些应付账款由于债权单位撤销或其他原因导致无法支付，应转入资本公积，借记“应付账款”科目，贷记“资本公积”科目

↓

为了加强对应付账款的管理，小企业应按供货单位设置“应付账款”科目的明细账，进行明细核算

图 8-1　应付账款的会计处理

例 8-1：

2019 年 9 月 30 日，某小企业向 A 公司购入材料一批，价款为 50000 元，增值税 6500 元，付款条件为“2/10，1/20，n/90”。材料已验收入库，贷款尚未支付。做会计分录如下：

（1）购入材料时：

借：原材料　　50000

　　应交税费——应交增值税（进项税额）　　6500

　贷：应付账款——A 公司　　56500

（2）如果该小企业在 10 月 5 日付款，则可享受 2% 的现金折扣，只需付款：56500×（1-2%）=55370（元）：

借：应付账款　　56500

　贷：银行存款　　55370

　　　财务费用　　1130

（3）如果该小企业在 11 月 15 日付款，则不再享受折扣：

借：应付账款——A 公司　　56500

　贷：银行存款　　56500

（4）如果 A 公司在 11 月 13 日被撤销，导致该小企业无法支付这笔贷款：

借：应付账款——A 公司　　56500

　贷：资本公积　　56500

（四）应付票据的会计处理

应付票据是由出票人出票，委托付款人在指定日期无条件支付确定的金额给收款人或者持票人的票据。应付票据也是委托付款人允诺在一定时期内支付一定的款项的书面证明。它是一种期票，是延期付款的证明，有承诺付款的票据作为凭据。应付票据分为带息和不带息两种。期限一般较短，一般为 3 个月、6 个月和 9 个月。企业开出的应付票据按承兑人不同，有商业汇票和银行汇票。应付票据的会计处理如图 8-2 所示。

小企业应设置“应付票据”科目，核算企业购买材料、商品和接受劳务供应等而开出、承兑的商业汇票，包括银行承兑汇票和商业承兑汇票。企业应当设置“应付票据备查簿”，详细登记每一应付票据的种类、号数、签发日期、到期日期、票面金额、票面利率、合同交易号、收款人姓名或单位名称，以及付款日期和金额等资料。应付票据到期结清时，应当在备查簿内逐笔注销

↓

（一）带息应付票据处理
带息应付票据应根据票据的存续期间和票面利率计算应付利息，并相应增加应付票据的账面价值。但到期不能支付的带息应付票据，转入“应付账款”科目核算后，期末不再计提利息。企业开出、承兑的商业汇票，如为带息票据，应于期末计算应付利息，借记“财务费用”科目，贷记“应付票据”科目；票据到期支付本息时，按票据账面余额（含面值及已入账的应计利息），借记“应付票据”科目，按未计的利息，借记“财务费用”科目，按实际支付的金额，贷记“银行存款”科目

↓

（二）不带息应付票据的处理
因购买材料、商品等而开出、承兑商业汇票时，如为不带息票据，借记“原材料”或“物资采购”“应交税费——应交增值税（进项税额）”等科目，按汇票面值，贷记“应付票据”科目；企业是以开出、承兑商业汇票抵付原欠货款或应付账款时，借记“应付账款”科目，贷记“应付票据”科目；对支付银行承兑汇票的手续费，借记“财务费用”科目，贷记“银行存款”科目

图 8-2　应付票据的会计处理

例 8-2：

甲企业于 7 月 31 日开出面值 56500 元，期限为 6 个月的商业票据一张，用于购买原材料。货款 50000 元，增值税率 13%。该票据为带息票据，年利率为 8%。

（1）购进材料时：

借：在途物资　　50000

　　应交税费——应交增值税（进项税额）　　6500

　贷：应付票据　　56500

（2）每月计算应付利息：

借：财务费用　　390

　贷：应付票据　　390

(3) 到期还本付息时：

借：应付票据　56500

　　财务费用　390

　贷：银行存款　56890

第二节　千万别忘了纳税
——应交税费

小企业在一定时期内取得的营业收入和实现的利润，要按照规定向国家交纳各种税费，这些应交的税费，要按照权责发生制的原则预提计入有关科目。这些应交的税费在尚未交纳之前暂时停留在小企业，形成一项负债，即应交税费。应交税费包括增值税、消费税、所得税、资源税、土地增值税、城市维护建设税、房产税、土地使用税、车船使用税、个人所得税等。

为了核算企业计算、交纳税费的情况，应设置“应交税费”科目。该科目贷方登记应交纳的各种税费，借方登记实际交纳的税费。余额在贷方，表示尚未交纳的税费。余额在借方，表示多交或尚未抵扣的税费。该科目应按应交税费种类设置明细科目。

小企业交纳的印花税、耕地占用税以及其他不需要预计应交数的税费，不通过该科目核算。

（一）增值税及其会计处理

增值税是指对我国境内销售货物、进口货物，或提供加工、修理修配劳务的增值额征收的一种流转税。

小企业应交的增值税，在“应交税费”科目下设置“应交增值税”和“未交增值税”两个明细科目进行核算。“应交增值税”明细账内，设置“进项税额”“出口退税”“进项税额转出”“出口抵减内销产品应纳税额”“转出多交增值税”等专栏。月份终了，“应交增值税”明细科目的余额转入“未交增值税”明细科目。

（1）国内采购的物资。按专用发票上注明的增值税，借记“应交税费——应交增值税（进项税额）”，按专用发票上记载的应当计入采购成本的金额，借记“在途物资”“生产成本”“管理费用”等科目，按应付或实际支付的金额，贷记“应付账款”“应付票据”“银行存款”等科目。购入物资发生的退货做相反会计分录。

例 8-3：

某小企业购入一批材料，增值税专用发票上注明的材料价款50000元，增值税额为6500元。贷款已经支付，材料已经到达并验收入库。设增值税率为13%，不交纳消费税（该小企业采用计划成本进行日常材料核算。材料入库分录略）。

借：在途物资　　50000

　　应交税费——应交增值税（进项税额）　　6500

　贷：银行存款　　56500

（2）接受投资转入的物资。按投资各方确定的价值或合同、协议约定的价值，借记“原材料”等科目，按其在注册资本中所占有的份额，贷记“实收资本”科目，按其差额，贷记“资本公积”科目。

例 8-4：

甲企业注册资本总额10000000元。经协商，乙以原材料向甲投资，占其注册资本总额10%的份额。乙企业原材料成本为1100000元，计税价格1200000元，双方协议投资转入的原材料按成本作价。甲企业原材料采用实际成本计价。

借：原材料　1100000
　应交税费——应交增值税（进项税额）　156000
　贷：实收资本　1000000
　　资本公积——资本溢价　256000

（3）接受应税劳务。按专用发票上注明的增值税，借记“应交税费——应交增值税（进项税额）”，按专用发票上记载的应当计入加工、修理修配等物资成本的金额，借记“生产成本”“库存商品（委托加工物资）”“管理费用”等科目，按应付或实际支付的金额，贷记“应付账款”“银行存款”等科目。

（4）进口物资。按海关提供的完税凭证上注明的增值税，借记“应交税费——应交增值税（进项税额）”，按进口物资应计入采购成本的金额，借记“原材料”“库存商品”等科目，按应付或实际支付的金额，贷记“应付账款”“银行存款”等科目。即除计税依据不同外，会计处理与国内采购物资相同。

（5）购进免税农业产品。按购入农业产品的买价和规定的税率计算的进项税额，借记“应交税费——应交增值税（进项税额）”，按买价减去按规定计算的进项税额后的差额，借记“在途物资”“库存商品”等科目，按应付或实际支付的价款，贷记“应付账款”“银行存款”等科目。

（6）小规模纳税人和购入物资及接受劳务直接用于非应税项目，或直接用于免税项目以及直接用于集体福利和个人消费的。按专用发票上注明的增值税，借记“应交税费——应交增值税（进项税额）”，按专用发票上记载的应当计入采购成本的金额，借记“在途物资”“生产成本”“管理费用”等科目，按应付或实际支付的金额，贷记“应付账款”“应付票据”“银行存款”等科目。购入物资发生的退货做相反会计分录。

例 8–5：

某小企业购入免税农业产品一批，价款 70000 元，规定的扣除税率为 9%，货物已经验收入库，款项尚未支付。做会计分录如下：

借：库存商品　　63700
　　应交税费——应交增值税　　6300
　贷：应付账款　　70000

（7）销售物资或提供应税劳务（包括将自产、委托加工或购买的货物分配给股东）。按实现的营业收入和按规定收取的增值税额，借记“应收账款”“应收票据”“应付利润”等科目，按专用发标上注明的增值税额，贷记“应交税费——应交增值税（进项税额）”，按实现的营业收入，贷记“主营业务收入”等科目。发生的销售退回，做相反会计分录。

（8）有出口物资的小企业，其出口退税按以下规定处理：

①实行“免、抵、退”办法的生产性小企业，按规定计算的当期出口物资不予免征、抵扣和退税的税额，计入出口物资成本，借记“主营业务成本”科目，贷记“应交税费——应交增值税（进项税额转出）”。按规定计算的当期应予抵扣的税额，借记“应交税费——应交增值税（出口抵减内销产品应纳税额）”，贷记“应交税费——应交增值税（出口退税）”。因应抵扣的税额大于应纳税额而未全部抵扣，按规定应予退回的税款，借记“应收账款”科目，贷记“应交税费——应交增值税（出口退税）”；收到退回的税款，借记“银行存款”科目，贷记“应收账款”科目。

②未实行“免、抵、退”办法的小企业，物资出口销售时，按当期出口物资应收的款项，及按规定计算的应收出口退税的合计金额，借记“应收账款”科目，按规定计算的不予退回税金，借记“主营业务成本”科目，按当期出口物资实现的营业收入，贷记“主营业务收入”科目，按规定计算的增值税，贷记“应交税费——应交增值税（销项税额）”科目。收到退回的税款，借记“银行存款”科目，贷记“应收账款”科目。

（9）小企业将自产或委托加工的货物用于非应税项目、作为投资、集体福利消费、赠送他人等。应视同销售物资计算应交增值税，借记“在建工程”“长期股权投资”“应付福利费”“营业外支出”等科目，贷记“应交税费——应交增值税（销项税额）”。

例 8–6：

小企业 A 将本企业产品作为集体福利发给职工，该批产品成本为 5000 元，售价 8000 元，增值税率 13%，做会计分录如下：

借：应付职工薪酬　　6040

　贷：库存商品　　5000

　　　应交税费——应交增值税（销项税额）　　1040

（10）购进的物资、在产品、产成品发生非正常损失，以及购进物资改变用途等原因。其进项税额应相应转入有关科目，借记“管理费用”“在建工程”“应付福利费”等科目，贷记“应交税费——应交增值税（进项税额转出）”。

例 8–7：

小企业 A 在财产清查中，盘亏材料一批，经查系管理不善造成材料短缺。该批材料价款为 5000 元，增值税为 650 元。做会计分录如下：

借：管理费用　　5650

　贷：原材料　　5000

　　　应交税费——应交增值税（进项税额转出）　　650

（11）本月上交的应交增值税。借记“应交税费——应交增值税（已交税费）”，贷记“银行存款”科目。月度终了，将本月应交未交增值税自“应交税费——应交增值税”明细科目转入“应交税费——未交增值税”明细科目，即借记“应交税费——应交增值税（转出未交增值税）”，贷记“应交税费——未交增值税”；将本月多交的增值税自“应交税费——应交增值税”明细科目转入“应交税费——未交税费”明细科目，即借记“应交税费——未交增值税”，贷记“应交税费——应交增值税（转出多交增值税）”

科目。结转后，“应交税费——应交增值税”明细科目的期末借方余额，反映小企业尚未抵扣的增值税。

例 8-8：

小企业 A 以银行存款 85000 元，交纳本月应交增值税。做会计分录如下：

借：应交税费——应交增值税（已交税费）　　85000

　贷：银行存款　　85000

（二）消费税及其会计处理

消费税是指在我国境内生产，委托加工和进口应税消费品的单位和个人，按其流转额交纳的一种税。小企业按规定应交的消费税，应设置“应交消费税”明细科目核算。“应交消费税”科目的借方发生额，反映小企业实际交纳的消费税和待扣的消费税；贷方发生额，反映按规定应交纳的消费税；期末贷方余额，反映尚未交纳的消费税；期末借方余额，反映多交或待扣的消费税。

有关消费税的会计处理如下：

（1）小企业销售需要交纳消费税的物资应交的消费税。借记“税金及附加”等科目，贷记“应交税费——应交消费税”科目。退税时做相反会计分录。

（2）随同商品出售但单独计价的货物，按规定应交纳的消费税。借记“其他业务支出”科目，贷记“应交税费——应交消费税”科目。

例 8-9：

小企业 A 销售一批应税消费品，随同商品销售的包装物单位计价，包装物售价为 2000 元，消费税率为 10%。做会计分录如下：

借：其他业务支出　　200
　贷：应交税费——应交消费税　　200

应税消费品连同包装物销售的，无论是否单独计价，均应征收消费税。

（3）需要交纳消费税的委托加工物资，由受托方代收代交税款。受托方按应交税款金额，借记“应收账款”“银行存款”等科目，贷记“应交税费——应交消费税”。委托加工物资收回后，直接用于销售的，将代收代交的消费税计入委托加工物资的成本，借记“库存商品（委托加工商品）”等科目，贷记“应付账款”等科目。物资收回后用于连续生产的，按规定准予抵扣的，按代收代交的消费税，借记“应交税费——应交消费税”科目，贷记“应付账款”等科目。

（4）需要交纳消费税的进口物资，为简化核算手续，其交纳的消费，不通过“应交税费——应交消费税”科目核算，直接计入该项物资的成本。借记“固定资产”“原材料”“库存商品”等科目，贷记“银行存款”等科目。

（5）免征消费税的出口物资应分不同情况进行会计处理：

①生产性小企业直接出口或通过外贸企业出口的物资，按规定直接予以免税的，可不计算应交消费税。

②委托外贸企业代理出口物资的生产性小企业，应在计算消费税时，按应交消费税，借记“应收账款”科目，贷记“应交税费——应交消费税”科目。收到退回的税金，借记“银行存款”科目，贷记“应收账款”科目。发生退关、退货而补交已退的消费税，做相反会计分录。

（6）小企业将物资销售给外贸企业，由外贸企业自营出口的，其交纳的消费税，按销售应税消费进行账务处理。借记“税金及附加”科目，贷记“应交税费——应交消费税”科目。小企业收到先征后返的消费税，应于实际收到时，借记“银行存款”等科目，贷记“税金及附加”科目。

（三）其他主要税费及其会计处理

1. 资源税

资源税是国家对在我国境内开采矿产品或者生产盐的单位和个人征收的税种。小企业按规定应交的资源税，在“应交税费”科目下设置“应交资源税”明细科目核算。“应交资源税”明细科目的借方发生额，反映小企业已交的或按规定允许抵扣的资源税；贷方发生额，反映应交资源税；期末借方余额，反映多交或尚未抵扣的资源税；期末贷方余额，反映尚未交纳的资源税。

2. 土地增值税

小企业转让国有土地使用权、地上建筑物及其附着物并取得收入的单位和个人，均应交纳土地增值税。在会计处理时，小企业交纳的土地增值税通过“应交税费——应交土地增值税”科目核算，兼营房地产业务的小企业，应由当期收入负担的土地增值税，借记“其他业务支出”科目，贷记“应交税费——应交土地增值税”科目。转让的国有土地使用权与其地上建筑物及附着物一并在“固定资产”或“在建工程”科目核算的，转让时应交纳的土地增值税，借记“固定资产”“在建工程”科目，贷记“应交税费——应交土地增值税”科目。交纳的土地增值税，借记“应交税费——应交土地增值税”科目，贷记“银行存款”等科目。

3. 城市维护建设税

城市维护建设税是国家对缴纳增值税、消费税的单位和个人，就其交纳的增值税、消费税税额为计税依据征收的一种税。税率因纳税人所在地不同，从 1% 到 7% 不等。计算公式为：

应纳税额＝（应交增值税＋应交消费税）× 适用税率

小企业按规定计算出应交纳的城市维护建设税，借记“税金及附加”等科目，贷记“应交税费——应交城市维护建设税”，交纳的城市维护建设税，借记“应交税费——应交城市维护建设税”，贷记“银行存款”科目。

4. 房产税、土地使用税、车船使用税

小企业按规定计算应交的房产税、土地使用税、车船使用税，借记“管理费用”科目，贷记“应交税费——应交房产税、土地使用税、车船使用税”科目；上交时，借记“应交税费——应交房产税、土地使用税、车船使用税”科目，贷记“银行存款”科目。

5. 个人所得税

个人所得税是对个人取得的各项所得征收的一种所得税。根据税法规定，个人所得税采用代扣代缴和纳税人自行申报相结合的征收方式。支付所得的单位或个人为扣缴义务人。为核算扣缴职工个人所得税的情况，应在“应交税费”科目下设置“应交个人所得税”明细科目。小企业按规定计算应代扣代交的职工个人所得税，借记“应付职工薪酬”科目，贷记“应交税费——应交个人所得税”。交纳的个人所得税，借记“应交税费——应交个人所得税”，贷记“银行存款”科目。

6. 所得税

小企业的生产、经营所得和其他所得，依照有关所得税暂行条例及其细则的规定需要交纳所得税。小企业应交纳的所得税，在“应交税费”科目下设置“应交所得税”明细科目核算。当期应计入损益的所得税，作为一项费用在净收益前扣除。小企业按照一定方法计算计入损益的所得税，借记“所得税”等科目，贷记“应交税费——应交所得税”科目。

新制度规定了小企业对先征后返所得税、消费税的会计处理。

小企业按照规定实行所得税先征后返的小企业，应当在实际收到返还的所得税时，冲减收到当期的所得税费用。小企业收到返还的所得税，借记“银行存款”等科目，贷记“所得税”科目。小企业收到先征后返的消费税等，应于实际收到时，借记“银行存款”等科目，贷记“税金及附加”“其他业务支出”等科目；小企业收到的先征后返的增值税，应于实际收到时，借记“银行存款”科目，贷记“营业外收入”科目。

（四）我国“营改增”相关规定

为促进第三产业发展，从 2012 年 1 月 1 日起，在部分地区和行业开展深化增值税制度改革试点，到2016年5月1日，征收营业税的行业全部改为征收增值税。在全国范围内全面推开营业税改征增值税试点，建筑业、房地产业、金融业、生活服务业纳入试点范围，由缴纳营业税改为缴纳增值税，至此，营业税全部改征增值税，营业税成为我国税收制度发展史的组成部分，流通环节由增值税全覆盖。

1. 纳税人

根据《增值税暂行条例》及《营业税改征增值税试点实施办法》（财税〔2016〕36号）的规定，凡在中华人民共和国境内销售货物或者提供加工、修理修配劳务、销售服务、无形资产或者不动产，以及进口货物的单位和个人，为增值税的纳税人。

单位是指一切从事销售或进口货物、提供应税劳务、销售应税服务、无形资产或不动产的单位，包括企业、行政单位、事业单位、军事单位、社会团体及其他单位。

个人是指从事销售或进口货物、提供应税劳务、销售应税服务、无形资产或不动产的个人，包括个体工商户和其他个人。

单位租赁或承包给其他单位或者个人经营的，以承租人或承包人为纳税人。

对报关进口的货物，以进口货物的收货人或办理报关手续的单位和个人为进口货物的纳税人。

2. 征税范围

“营改增”之前，我国增值税征税范围包括货物的生产、批发、零售和进口四个环节，2016年5月1日以后，伴随着营业税改征增值税试点实施办法以及相关配套政策的实施，“营改增”试点行业扩大到销售服务、无形资产或者不动产（以下称应税行为），增值税的征税范围覆盖第一产业、第二产业和第三产业。

3. 税率

纳税人销售或者进口货物，除列举的外，税率均为13%；提供加工、修理修配劳务和应税服务，除适用低税率范围外，税率也为13%。这一税率就是通常所说的基本税率。

提供交通运输业服务、邮政、基础电信、建筑、不动产租赁服务，销售不动产，转让土地使用权，税率为9%。

提供现代服务业服务（不动产租赁除外）、增值电信服务、金融服务、生活服务、销售无形资产（转让土地使用权除外），税率为6%。

第三节 流动负债还有很多
——其他流动负债

小企业的流动负债除了应付账款、应付票据、应交税费外，还包括短期借款、应付职工薪酬、应付福利费、其他应交款、其他应付款等。

（一）短期借款及其会计处理

短期借款是指企业为了弥补流动资金的不足，向银行或其他金融机构、其他单位或个人借入的期限在1年以下的各种借款，包括短期银行借款和短期融资债券等。短期借款的目的一般是为了维持企业正常的生产经营所需的资金，或者是为了抵偿某项债务。

小企业借入的各种短期借款，借记“银行存款”科目，贷记本科目；归还借款时，借记本科目，贷记“银行存款”科目。发生的短期借款利息应当直接计入当期财务费用，借记“财务费用”科目，贷记“银行存款”等科目（图8–3）。

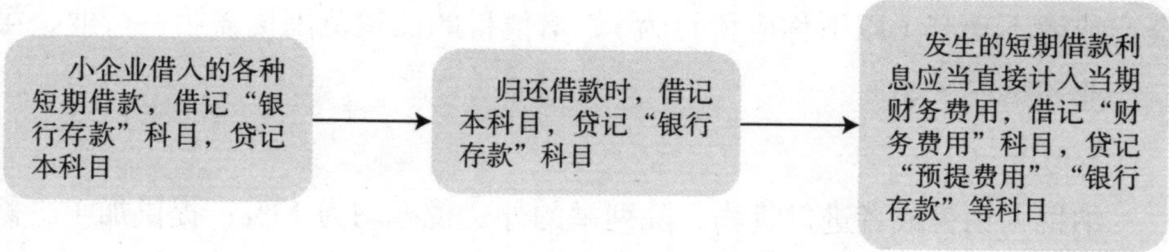

图8–3 短期借款的会计处理

（二）应付职工薪酬及其会计处理

应付职工薪酬是企业对职工个人的一种负债，是企业使用职工知识、技能、时间和精力而给予职工的一种补偿（报酬）。“应付职工薪酬”科目核算企业应付给职工的工资总额。包括在工资总额内的各种工资、奖金、津贴等，不论是否在当月支付，都应当通过本科目核算。不包括在工资总额内的发给职工的款项，如医药费、福利补助、退休费等，不在本科目核算。

企业应按照劳动工资制度的规定，根据考勤记录、工时记录、产量记录、工资标准、工资等级等，编制“工资单”（亦称工资结算单、工资表、工资计算表等），计算各种工资。“工资单”的格式和内容，由企业根据实际情况自行规定。应付职工薪酬的会计处理如图 8–4 所示。

财务部门应将“工资单”进行汇总，编制“工资汇总表”，按规定手续向银行提取现金，借记“库存现金”科目，贷记“银行存款”科目

↓

支付工资时，借记“应付职工薪酬”科目，贷记“库存现金”科目。从应计工资中扣还的各种款项（如代垫的房租、家属药费、个人所得税等），借记“应付职工薪酬”科目，贷记“其他应收款”“应交税费——应交个人所得税”等科目。职工在规定期限内未领取的工资，由发放的单位及时交回财务会计部门，借记“库存现金”科目，贷记“其他应付款”科目

↓

企业按规定将应发给职工的住房补贴专户存储时，借记“应付职工薪酬”科目，贷记“银行存款”等科目。月度终了，应将本月应发的工资进行分配，并借记“生产成本（生产人员工资）”“制造费用（生产管理人员工资）”“管理费用（管理部门的人员工资）”“销售费用（采购、销售部门的人员工资）”“在建工程（应由工程负担的人员工资）”“应付福利费（应由职工福利费开支的人员工资）”，贷记“应付职工薪酬”

图 8–4　应付职工薪酬的会计处理

（三）应付福利费及其会计处理

应付福利费是小企业准备用于企业职工福利方面的资金。小企业按规定用于职工福利方面的资金来源，包括从费用中提取和税后利润中提取。从费用中提取的职工福利费主要用于职工个人的福利，在会计核算中将其作为一项负债。应付福利费的会计处理方法如图 8–5 所示。

从费用中提取的职工福利费，单独设置“应付职工薪酬——应付福利费”科目进行核算

↓

提取福利费时，贷记“应付职工薪酬——应付福利费”科目，并按照职工所在的岗位分配：从事生产人员的福利费，记入成本；行政管理人员的福利费，计入管理费用等等

↓

实际支付职工的医药卫生费用、职工生活困难补助和其他福利费以及应付的医务、福利人员工资等，借记“应付福利费”科目，贷记“库存现金”“银行存款”“应付工资”等科目

↓

本科目期末贷方余额，反映小企业福利费的余额

图 8-5　应付福利费的会计处理方法

（四）应付利润及其会计处理

为反映企业应付给投资者的利润，应设置“应付利润”科目，本科目借方登记已支付利润，贷方登记发生的各类应付利润数，期末贷方余额表示尚未支付的利润（图 8-6）。

实行股份制的企业，应设置“应付股利”科目进行核算，账户的结构与“应付利润”账户相同

↓

非股份制企业，分给投资者的利润，应在提取盈余公积以后进行分配，按照投资协议、章程或其他约定的办法进行分配

↓

企业计算出应支付给投资者的利润时，借记“利润分配”科目，贷方本科目；支付利润时，借记本科目，贷记“银行存款”等科目

图 8-6　应付利润的会计处理

（五）其他应交款及其会计处理

其他应交款核算小企业除应交税费、应付利润等以外的其他各种应交的款项，包括应交的教育费附加、矿产资源补偿费、住房公积金等。其会计处理如图 8-7 所示。

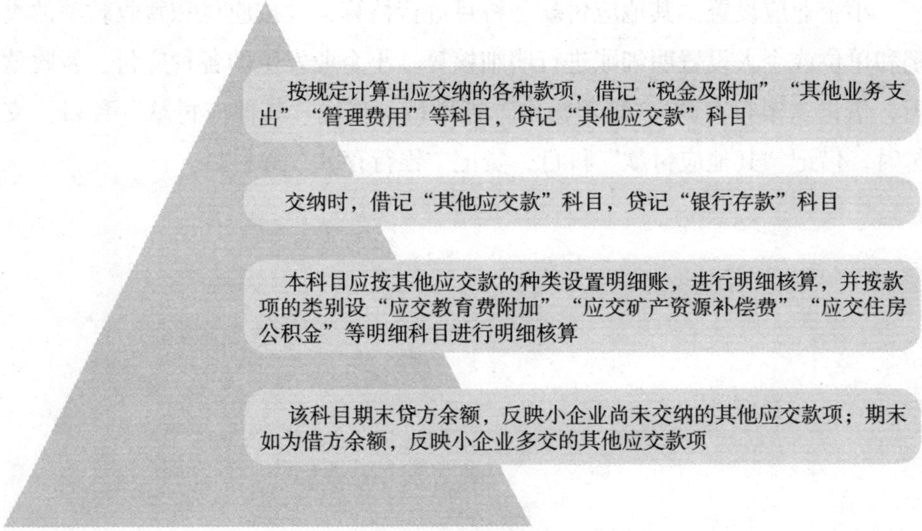

按规定计算出应交纳的各种款项，借记“税金及附加”“其他业务支出”“管理费用”等科目，贷记“其他应交款”科目
交纳时，借记“其他应交款”科目，贷记“银行存款”科目
本科目应按其他应交款的种类设置明细账，进行明细核算，并按款项的类别设“应交教育费附加”“应交矿产资源补偿费”“应交住房公积金”等明细科目进行明细核算
该科目期末贷方余额，反映小企业尚未交纳的其他应交款项；期末如为借方余额，反映小企业多交的其他应交款项

图 8-7　其他应交款的会计处理

（六）其他应付款及其会计处理

其他应付款核算小企业应付、暂收其他单位或个人的款项，如应付租入固定资产和包装物的租金、存入保证金等，详见图 8-8。

（1）应付经营租入固定资产和包装物的租金
（2）职工未按期领取的工资
（3）存入保证金（如收入包装物押金等）
（4）其他应付、暂收款项
其他应付款

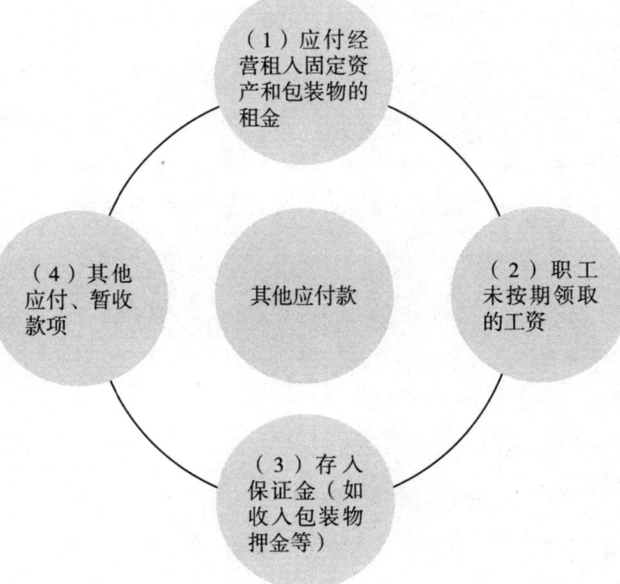

图 8-8　其他应付款的主要内容

小企业应设置“其他应付款”科目进行核算，并按应付和暂收款项的类别和单位或个人设置明细账进行明细核算。小企业发生的各种应付、暂收款项，借记“银行存款”“管理费用”等科目，贷记“其他应付款”科目；支付时，借记“其他应付款”科目，贷记“银行存款”等科目。

第九章 企业资产的重要来源
——长期负债的会计核算

● 全章概览

特朗普是一位颇具争议的商人。他最早和父亲在纽约做生意，后来独自到曼哈顿发展。凭借高超的交际手腕，加入当地的私人企业俱乐部，培养了丰富的人脉，并以独到的眼光和精明的头脑，从1974年开始投身于纽约地产业。自此，他一路风生水起，成为纽约的地产大王。20世纪80年代是特朗普帝国急速发展的黄金岁月，“东岸赌王”“曼哈顿地王”等诸多桂冠接踵而来，他甚至被形容为能“点石成金”。纽约第五大道兴建的68层豪宅——特朗普大楼标志着他事业的顶峰。20世纪90年代，美国房地产业不景气，特朗普拥有的房地产也在贬值，为避免破产，特朗普经常要调度周转资金。当时他债台高筑，当负债近百亿美元时，他在冬日雨夜凌晨3点连走15个街头，赶去面对30位银行家，并亲自打电话和海外债权人一一沟通。最后，他逃过一劫，在此之后利用企业的长期负债获得了长远的发展。

几乎每个企业都会利用长期负债进行筹资，负债是否筹措适当对企业的成败来说至关重要。接下来，我们一起进入长期负债的世界。

第一节 钱从哪里来
——长期借款

长期借款是小企业向银行或其他金融机构借入的期限在1年以上（不含1年）的各项借款。为了核算小企业借入的长期借款情况，应设置“长期借款”科目，该科目的贷方登记借入长期借款的本金和按期计提的利息；借方登记偿还的本金和支付的利息。期末贷方余额反映尚未偿还的借款本息。该科目按贷款单位设置明细账，并按贷款种类进行明细核算。长期贷款的会计处理如图9-1所示。

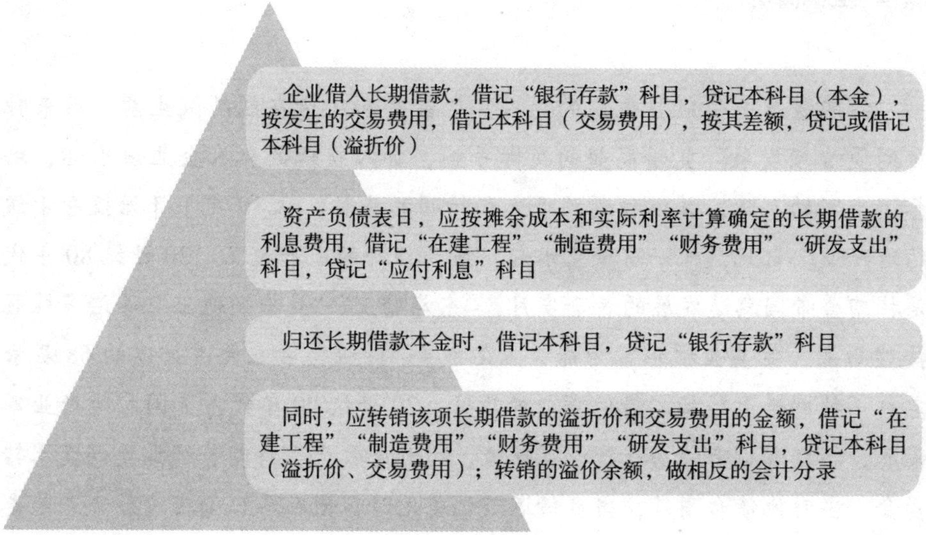

企业借入长期借款，借记“银行存款”科目，贷记本科目（本金），按发生的交易费用，借记本科目（交易费用），按其差额，贷记或借记本科目（溢折价）

资产负债表日，应按摊余成本和实际利率计算确定的长期借款的利息费用，借记“在建工程”“制造费用”“财务费用”“研发支出”科目，贷记“应付利息”科目

归还长期借款本金时，借记本科目，贷记“银行存款”科目

同时，应转销该项长期借款的溢折价和交易费用的金额，借记“在建工程”“制造费用”“财务费用”“研发支出”科目，贷记本科目（溢折价、交易费用）；转销的溢价余额，做相反的会计分录

图9-1 长期贷款的会计处理

例 9–1：

小企业甲是一家生产型企业，2018 年 1 月 1 日从银行取得周转借款 1200000 元，期限 3 年，年利率 8%，每年年底归还借款利息，到期一次还本。款项已存入银行。

取得借款时：

	借方	贷方
借：银行存款	1200000	
贷：长期借款		1200000

第一年年末计息：

	借方	贷方
借：财务费用	96000	
贷：长期借款		96000

偿还借款利息：

	借方	贷方
借：长期借款	96000	
贷：银行存款		96000

第二年处理同上。

第三年偿还借款本金和最后一期利息：

	借方	贷方
借：财务费用	96000	
贷：长期借款		96000
借：长期借款	1296000	
贷：银行存款		1296000

小企业与贷款人进行债务重组，应当比照“应付账款”科目的相关规定进行处理。

第二节 负债也是有成本的
——借款费用

小企业发生的借款费用，是指因借款而发生的利息、因外币借款而发生的汇兑差额。借款费用包括借款利息、折价或者溢价的摊销、辅助费用，以及因外币借款而发生的汇兑差额等。

（一）借款费用的确认原则

借款费用的确认原则如图 9–2 所示。

1. 应予资本化的资产范围

借款费用应予资本化的资产范围是指需要经过相当长时间的购建或者生产活动才能达到预定可使用或者可销售状态的固定资产、投资性房地产和存货等资产。发生在其他资产（如存货、无形资产）上的借款费用，不能予以资本化

2. 应予资本化的借款

借款费用同时满足下列条件的，才能开始资本化：
（1）资产支出已经发生，资产支出包括为购建或者生产符合资本化条件的资产而以支付现金、转移非现金资产或承担带息债务形式发生的支出。
（2）借款费用已经发生。
（3）为使资产达到预定可使用或者可销售状态所必要的购建或者生产活动已经开始。
小企业为购建固定资产而借入的专门借款所发生的借款利息满足上述资本化条件的，在所购建的固定资产达到预定可使用状态前所发生的，应当予以资本化，计入所购建固定资产的成本；在所购建的固定资产达到预定可使用状态后发生的，应于发生当期直接计入当期账务费用

3. 外币汇兑差额的资本化

小企业为购建固定资产而借入的外币专门借款，其每一会计期间所产生的汇兑差额（指当期外币专门借款本金及利息所发生的汇兑差额），在所购建固定资产达到预定可使用状态前，予以资本化，计入所购建固定资产的成本；在该项固定资产达到预定可使用状态后，计入当期财务费用

图 9–2 借款费用的确认原则

（二）借款费用核算应注意的问题

借款费用核算应注意的问题如图 9-3 所示。

符合资本化条件的资产在购建或者生产过程中发生非正常中断，且中断时间连续超过3个月的，应当暂停贷款费用的资本化。

在中断期间发生的借款费用应当确认为费用，计入当期损益，直至资产的购建或者生产活动重新开始

→

如果中断是所购建或者生产的符合资本化条件的资产达到预定可使用或者可销售状态必要的程序，借款费用的资本化应当继续进行

→

购建或者生产符合资本化条件的资产达到预定可使用或者可销售状态时，借款费用应当停止资本化。

在符合资本化条件的资产达到预定可使用或者可销售状态之后所发生的借款费用，应当在发生时根据其发生额确认为费用，计入当期损益

图 9-3　借款费用核算应注意的问题

（三）固定资产达到预定可使用状态的标志

所谓“达到预定可使用状态”，是指固定资产已达到购买方或建造方预定的可使用状态。当存在下列情况之一时，可认为所购建的固定资产已达到预定可使用状态（图 9-4）。

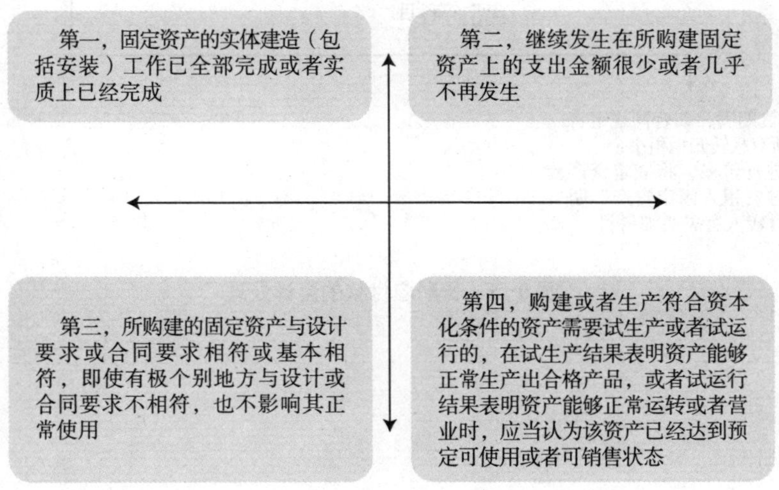

图 9-4　固定资产达到预定可使用状态的标志

第三节　利用应付项目负债
——长期应付款

长期应付款是指小企业除长期借款以外的其他各种长期应付款。小企业的长期应付款主要核算融资租赁款。长期应付款的会计处理如图 9-5 所示。

为核算小企业偿还期在1年以上的各种长期应付款（除长期借款）应设置“长期应付款”科目

该科目贷方登记应付未付的长期应付款，借方登记已经支付的长期应付款

期末贷方余额反映小企业尚未支付的各种长期应付款

该科目应按长期应付款的种类设置明细账，进行明细核算

融资租入固定资产，应在租赁开始日，按应支付的融资租赁费及其他相关费用，借记“在建工程”或“融资租入的固定资产”科目，按应支付的融资租赁费，贷记“长期应付款”科目，按应支付的其他相关费用，贷记“银行存款”“应付账款”等科目

按期支付融资租赁费时，借记“长期应付款”科目，贷记“银行存款”科目

租赁期满，如合同规定将设备所有权转归承租小企业，应当进行转账，将固定资产从“融资租入固定资产”明细科目转入有关明细科目

图 9-5　长期应付款的会计处理

例9–2：

小企业融资租入一台机器设备，租期5年，该设备价值为2000000元，租赁合同规定租金分5年于每年年末等额支付，该项设备无须安装即可投入使用。设备预计净残值40000元，采用直线法计提折旧。租赁期满后设备归承租方所有。

（1）租赁开始日：

借：固定资产——融资租入固定资产 2000000

　贷：长期应付款——应付融资租赁款 2000000

（2）每年支付租金：

借：长期应付款——应付融资租赁款 400000

　贷：银行存款 400000

（3）每年按期计提折旧：

借：制造费用 392000

　贷：累计折旧 392000

（4）租赁期满后，该项融资租入固定资产转为承租方所有：

借：固定资产——生产用固定资产 2000000

　贷：固定资产——融资租入固定资产 2000000

小企业长期应付款所发生的借款费用（包括利息、汇兑损益等）比照长期借款借款费用处理的规定办理。

第十章 所有者的真实资产
——所有者权益的会计核算

● 全章概览

外行人可能会觉得作为一个私企的老总，整个企业都是他的。其实不然，属于老总的其实没有那么多，属于他的应该是整个企业的资产减去负债。从等式“资产 = 负债 + 所有者权益”我们也能得出结论。

属于所有者的不仅包括初始投入的资产，还包括在经营过程中产生的资本公积以及留存收益，也许对于这些科目你会觉得有些陌生，那么继续往下看吧，你将会收获不小哦。

所有者权益是指小企业所有者在企业资产中享有的经济利益。所有者权益在数量上等于全部资产减去全部负债后的余额。从其形成来源看，所有者权益主要来源于企业投资者的初始投资、按合同章程追加的投资以及企业在生产经营期间实现的留存收益。

《小企业会计准则》依据各类所有者权益性质，将小企业的所有者权益划分为实收资本、资本公积、盈余公积和未分配利润，其中，盈余公积和未分配利润又统称为留存收益。

第一节　投入的第一笔金
——实收资本

（一）实收资本的概念

实收资本的概念如图 10-1 所示。

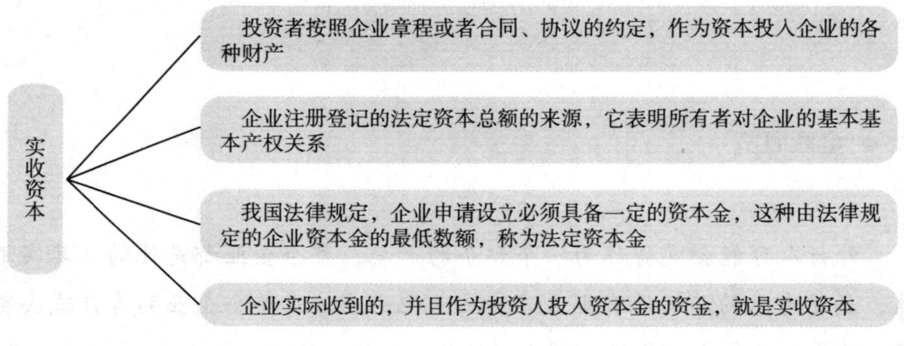

图 10-1　实收资本的概念

（二）我国《公司法》关于注册资本的规定

2013 年 12 月 28 日，第十二届全国人民代表大会常务委员会第六次会议于修订通过了新的《中华人民共和国公司法》，新修订的《公司法》自 2014 年 3 月 1 日起施行。在《公司法》中，有关注册资本的规定，进行了比较大的修订。

《公司法》规定：“股东可以用货币出资，也可以用实物、知识产权、土地使用权等可以用货币估价并可以依法转让的非货币财产作价出资；但是，法律、行政法规规定不得作为出资的财产除外。”

“对作为出资的非货币财产应当评估作价，核实财产，不得高估或者低估作价。法律、行政法规对评估作价有规定的，从其规定。”

（三）小企业实收资本会计核算的主要内容

根据我国有关法律的规定，投资者投入资本的方式可以有多种，如投资者可以用现金资产投资，也可以非现金资产投资。在国家规定的比例范围内，还可以用无形资产投资。

1. 小企业接受现金资产投资

投资者以现金投入的资本，应以实际收到或者存入小企业开户银行的金额，借记“银行存款”科目，按投资者应享有小企业注册资本的份额计算的金额，贷记“实收资本”科目，按其差额，贷记“资本公积——资本溢价”科目。

例 10–1：

某企业注册资本为 150 万元。根据合同约定，该企业收到 E 投资者投入的资本 100 万元，F 投资者投入的资本 50 万元，款项已全部存入企业的开户银行。会计分录如下：

借：银行存款　　1500000

　贷：实收资本——E 企业　　1000000

　　　　　　　——F 企业　　500000

2. 小企业接受非现金资产投资

投资者以非现金投入的资本，应按投资各方确认的价值，或合同协议约定的价值，借记有关资产科目，贷记“实收资本”和“资本公积”科目。

例 10–2：

某企业收到某企业作为资本投入的不需要安装的机器一台，双方确认的价值为 200 万元。做会计分录如下：

借：固定资产　　　　　　　　　　　　　　　　　　　　2000000
　　贷：实收资本——某企业　　　　　　　　　　　　　　　2000000

3. 小企业接受外币资本投资

投资者投入的外币，合同约定汇率的，应按收到外币当日的汇率折合的人民币金额，借记“银行存款”等科目，按合同约定汇率折合的人民币金额，贷记“实收资本”科目，按其差额，借记或贷记“资本公积——外币资本折算差额”科目。

合同没有约定汇率的，应按收到出资额当日的汇率折合的人民币金额，借记“银行存款”科目，贷记“实收资本”科目。

例 10-3：

2018 年 1 月 5 日某外商投资企业收到 W 外商投入的资本 100000 美元，收到外币当日的汇率为 1 美元 =6.5 元人民币，该外商投资企业以人民币为记账本位币。合同没有约定汇率。会计分录如下：

借：银行存款　　　　　　　　　　　　　　　　　　　　650000
　　贷：实收资本　　　　　　　　　　　　　　　　　　　　650000

（四）小企业资本变动会计核算的主要内容

我国有关法律和《小企业会计准则》规定，小企业的实收资本除下列情况外，不得随意变动：

（1）符合增资条件，并经有关部门批准增资。

（2）按法定程序报经批准减少注册资本。

当企业发生上述两种符合规定的资本变动情况时，应做出相应的会计处理（图 10-2）。

小企业按法定程序报经批准减少注册资本的，借记“实收资本”科目，贷记“库存现金”“银行存款”等科目。因减资而使股份发生变动的情况，在“实收资本”科目的有关明细账及备查簿中详细记录

小企业增资主要为投资者额外投入实现增资，其增资核算与投资者投入资本的核算相同；小企业采用资本公积、盈余公积转增资本实现增资，其核算将在本章第二节介绍

《小企业会计制度》规定，投资者按规定转让出资的，应于有关的转让手续办理完毕时，将出让方所转让的投资，在投资者账户有关明细账及备查记录中转为受让方

1.小企业减资

2.小企业增资

3.投资者转让出资

图 10−2　小企业资本变动的会计核算

第二节　资本保全的手段
——资本公积

资本公积是企业从筹资过程中形成的资本增值，将资本公积与实收资本相区分，有利于维护投资人按出资比例分享权益；将资本公积与经营损益相区分，则可以有效地避免将筹资过程中的资本增值当作经营利润分配，有利于资本保全。资本公积应设置“资本公积”账户进行核算。

凡是引起资本公积增加的项目记入贷方，引起资本公积减少的项目记入借方，期末余额在贷方，表示资本公积的结存数。

资本公积的会计核算主要包括：资本溢价、资本公积转增资本和接受资产捐赠、政府补助等（图 10−3）。

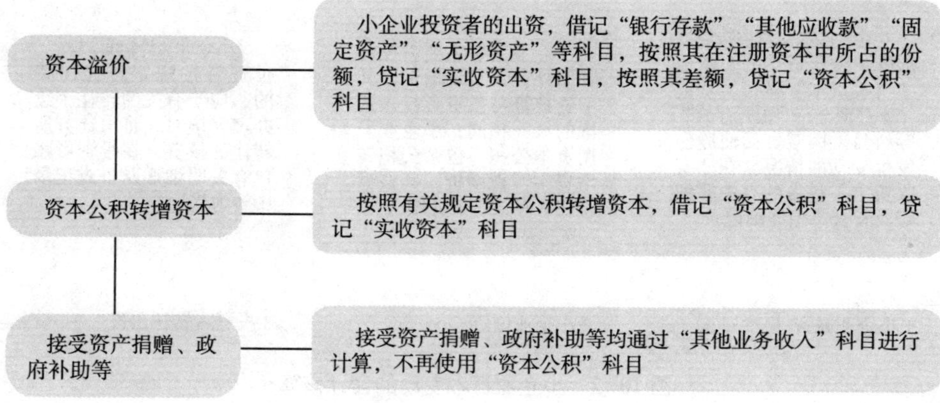

图 10-3　资本公积的会计核算

例 10-4：

某企业原来由四个所有者投资组成，每一所有者各投资 25 万元，经营若干年后，有另一投资者加入该企业，经协商，企业将注册资本增加到 125 万元，该投资者缴入 35 万元拥有该企业 20%的份额。会计分录如下：

借：银行存款　　350000

　贷：实收资本　　250000

　　　资本公积——资本溢价　　100000

例 10-5：

2017 年 12 月 31 日，外商 Jack 与小企业 A 签订投资协议，Jack 向 A 企业投资 30 万美元。按投资协议签订当日的汇率计算，Jack 投资折合人民币 200 万元。双方签订协议后，A 企业办理工商登记注册。2018 年 6 月 20 日，Jack 资金到位，按当日汇率计算，折合人民 190 万元。A 企业做会计分录如下：

借：银行存款——美元户　　1900000

　　资本公积　　100000

　贷：实收资本——Jack　　2000000

例 10-6：

2019 年 12 月 8 日某企业收到 C 企业捐赠机器一台，价值 40 万元，该机器已交付使用。企业所得税税率为 25%，经批准接受捐赠资产价值分 2 年计入应纳税所得额。企业做会计分录如下：

借：固定资产　　400000

　贷：营业外收入——接受捐赠非货币性资产价值　　400000

借：营业外收入——接受捐赠非货币性资产价值　　200000

　贷：应交税费——应交所得税　　66000

　　　资本公积——接受捐赠非现金资产准备　　134000

第三节　赚的钱可不要都分完

——留存收益

（一）留存收益的概念

留存收益是指小企业从历年实现的利润中提取或形成的留存于小企业的内部积累。它来源于小企业生产经营活动中所实现的净利润，包括盈余公积和未分配利润两部分（图 10-4）。

（二）盈余公积的组成及用途

小企业盈余公积包括法定盈余公积和任意盈余公积（图 10-5）。

（三）未分配利润的形成及用途

未分配利润是小企业实现的净利润经过弥补亏损、提取盈余公积和向投资者分配利润后留存在企业的、历年结存的利润，通常用于留待以后年度向投资者进行分配。

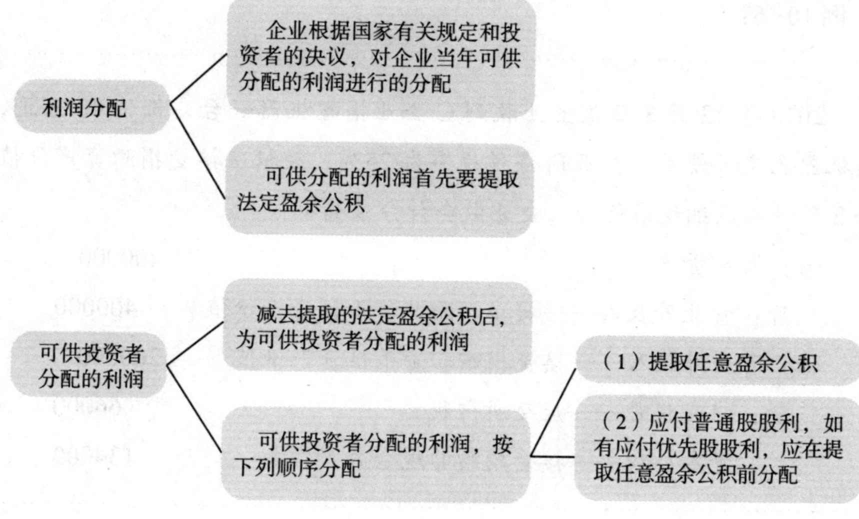

图 10–4　利润分配

小企业按规定的比例从净利润中提取的盈余公积。公司制企业按照净利润（减弥补以前年度亏损）的10%提取，计提的法定盈余公积累计达到注册资本的50%时，可以不再提取。非公司制企业，可以按照超过净利润10%的比例提取

1.法定盈余公积

小企业经股东会或类似机构批准按照规定的比例从净利润中提取的盈余公积。它与法定盈余公积的主要区别在于其计提比例由小企业自行决定，而法定盈余公积的比例则由国家的法律或法令决定

2.任意盈余公积

图 10–5　盈余公积的组成及用途

（四）留存收益核算的主要内容

1. 提取盈余公积

小企业按规定提取盈余公积时，借记“利润分配——提取法定盈余公积、提取任意盈余公积”科目，贷记“盈余公积——法定盈余公积、任意盈余公积”科目。

例 10–7：

某小企业按税后盈利 1000000 元提取法定盈余公积 10%。

借：利润分配——提取法定盈余公积　　100000

　贷：盈余公积——法定盈余公积　　100000

2. 盈余公积弥补亏损

小企业经股东会或类似机构决议批准，用盈余公积弥补亏损时，借记“盈余公积”科目，贷记“利润分配——盈余公积补亏”科目。

例 10–8：

某小企业上年亏损 150000 元，从盈余公积中弥补。

借：盈余公积　　150000

　贷：利润分配——盈余公积补亏　　150000

3. 盈余公积转增资本

小企业经批准用盈余公积转增资本时，应当于实际转增资本时，借记“盈余公积”科目，贷记“实收资本”等科目。

例 10–9：

某小企业以盈余公积 200000 元转作增资，增资后企业盈余公积仍不少于注册资本的 25%。

借：盈余公积　　200000

　贷：实收资本　　200000

4. 用盈余公积分配现金股利或利润

企业经股东会或类似机构决议批准，用盈余公积分配现金股利或利润时，借记“盈余公积”科目，贷记“应付利润”科目。

例 10–10：

某小企业经批准用盈余公积分配现金利润 20 万元。会计分录如下：

借：盈余公积　　200000

　贷：应付利润　　200000

5. 未分配利润

未分配利润是指“利润分配——未分配利润”账户的期末余额。年度终了，企业将全年实现的净利润，自“本年利润”账户转入“利润分配——未分配利润”账户贷方，如为净亏损，则做相反的会计分录，同时将“利润分配”内的其他明细账户转入“利润分配——未分配利润”账户的借方，结转后“未分配利润”明细账户的借方余额即为未弥补的亏损；贷方余额为未分配的利润。

例 10–11：

某小企业 2018 年初未分配利润为 20 万元，2018 年度实现净利润 600 万元，当年提取法定盈余公积 60 万元，提取任意盈余公积 30 万元，应付利润 170 万元。会计分录如下：

借：本年利润　　6000000

　贷：利润分配——未分配利润　　6000000

借：利润分配——未分配利润　　2600000

　贷：利润分配——提取法定盈余公积　　600000

　　　　　　——提取任意盈余公积　　300000

——应付利润　　　　　　　　　　　　1700000

通过上述会计处理可以得到“利润分配——未分配利润”科目的年末贷方余额为3600000（200000+6000000−2600000）元，即为该公司2018年末的未分配利润数额。

第十一章 利润溯源
——收入的会计核算

● **全章概览**

一提到收入，人们自然会联想到白花花的银子，所以，这是一个令人愉快的章节。但是不是一提到收入就能立马看到钱呢？那可未必，因为我国会计准则遵循的是权责发生制，企业确认收入并非建立在收到款项的基础上，所以我们应该了解收入确认是怎么个方式。企业的收入类型可谓名目繁多，我们接触比较多的当然是销售商品或提供劳务的收入，除此之外，你还知道其他类型的收入吗？对于各类收入，其账务处理又是怎样的呢？带着这些问题，我们进入到这一章的学习。

第一节　概念要清楚
——收入的概念及分类

（一）收入的概念及其主要特征

收入是指小企业在销售商品、提供劳务及让渡资产使用权等日常活动中形成的经济利益的总流入。收入具有如下基本特征（图 11-1）。

（1）收入从企业的日常活动中产生，而不是从偶发的交易或事项中产生，即不是从非日常活动中产生的

（2）收入可能表现为企业资产的增加，如增加银行存款、应收账款等；也可能表现为企业负债的减少；或者两者兼而有之

（3）收入能导致企业所有者权益的增加。收入能增加资产或减少负债或两者兼而有之，因此，根据“资产=负债+所有者权益”的公式，企业取得收入能增加所有者权益

（4）收入只包括本企业经济利益的流入，不包括为第三方或客户代收款项，如旅行社代客户购买门票而收取票款等。此类业务不属于本企业的经济利益的流入，不能作为本企业的收入

图 11-1　收入的主要特征

（二）收入的类别

收入的分类如图 11-2 所示。

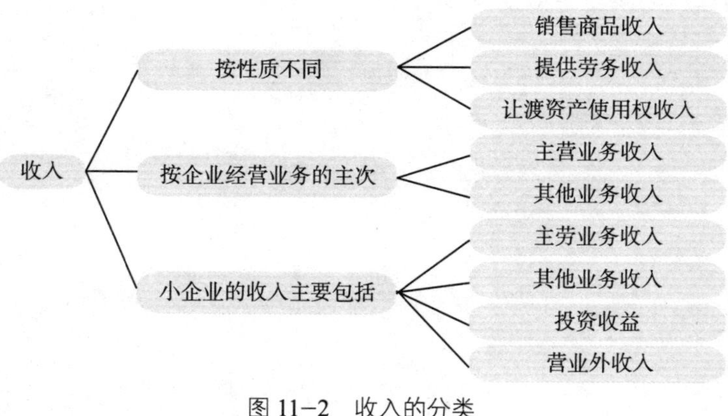

图 11-2　收入的分类

第二节　制造型企业的利润支柱
——销售商品收入

（一）销售商品收入的确认

小企业销售商品的收入，应当在下列条件同时满足时予以确认（图 11-3）。

1. 已将商品所有权上的主要风险和报酬转移给购货方

通常，所有权凭证的转移或实物的交付主要有以下几种情况：
（1）商品所有权凭证转移或实物交付后，商品所有权上的主要风险和报酬也随之转移。如大多数零售交易。
（2）商品所有权凭证转移或实物交付后，商品所有权上的主要风险和报酬并未随之转移。
①小企业销售的商品在质量、品种、规格等方面不符合合同规定的要求，又未根据正常的保证条款予以弥补，因而仍负有责任。
②小企业尚未完成售出商品的安装或检验工作，且此项安装或检验任务是销售合同的重要组成部分。
③销售合同中规定了由于特定原因买方有权退货的条款，而小企业又不能确定退货的可能性。
值得注意的是，如果小企业只保留有所有权上的风险，且符合销售商品收入确认的其他三项条件，则相应的收入应予确认

2. 小企业既没有保留通常与所有权相联系的继续管理权，也没有对已售出的商品实施控制

企业将商品所有权上的主要风险和报酬转移给买方后，如仍然保留通常与所有权相联系的继续管理权，或仍然对售出的商品实施控制，则此项销售不能成立，不能确认相应的销售收入

3. 与交易相关的经济利益能够流入本企业

销售商品的价款能否收回，是收入确认的一个重要条件。企业在销售商品时，如估计价款回收的可能性不大，即使收入确认的其他条件均已满足，也不应确认收入

4. 相关的收入和成本能够可靠地计量

收入能否可靠地计量，是确认收入的基本前提。企业在销售商品时，售价通常已经确定，但销售过程中由于某种不确定因素，也有可能出现售价变动的情况，因此新的售价未确定前不应确认收入

图 11-3　销售商品收入的确认条件

（二）销售商品收入的计量及其账务处理

1. 销售商品收入的计量

销售商品的收入应依据与购货方签订的合同或协议金额或双方接受的金额计量。在对销售商品收入进行计量时，应注意区别现金折扣和销售折让两个概念。现金折扣在实际发生时作为财务费用；销售折让在发生时直接意味着当期收入。

2. 销售商品的账务处理

小企业应设置“主营业务收入”“主营业务成本”等科目，并按主营业务的种类设置明细账，进行明细核算。

（1）在进行销售商品的账务处理时，首先要考虑销售商品收入是否符合确认条件。符合所规定的四项条件的，企业应及时确认收入；否则，不能确认收入。

①确认本期实现的商品销售收入时，应按实际收到或应收的价款，借记“银行存款”“应收账款”“应收票据”等科目，按实现的商品销售收入，贷记“主营业务收入”科目，属于增值税一般纳税人的小企业，按专用发票上注明的增值税额，贷记“应交税费——应交增值税（销项税额）”科目。

例 11-1：

某小企业A是一家生产型企业，在2019年5月销售1号商品4000件，不含增值税单价70元，销售2号商品1500件，不含增值税单价100元，A企业是增值税一般纳税人。这笔业务的收入已通过银行转账结算收到货款和增值税款。做会计分录如下：

借：银行存款　　485900

　贷：主营业务收入　　430000

　　应交税费——应交增值税（销项税额）　　55900

②月度终了，小企业应当根据本月销售的各种商品的实际成本，计算应结转的主营业务成本，借记“主营业务成本”，贷记“库存商品”等科目。小企业可以根据具体情况，采用先进先出法、加权平均法、移动平均法、后进先出法、个别计价法等方法，确定销售商品的实际成本。确定销售商品成本的方法一经确定，不得随意变动。如需变动，应当在会计报表附注中予以说明。

③小企业日常主要经营活动应负担的消费税、城市维护建设税、资源税、土地增值税、教育费附加等，应通过“税金及附加”科目核算。小企业按照规定计算出应由日常销售业务负担的税金及附加，借记“税金及附加”科目，贷记“应交税费——应交消费税”“应交税费——应交城市维护建设税”“其他应交款”等科目。期末，应将“税金及附加”科目的余额转入“本年利润”科目，结转后“税金及附加”科目应无余额。

例 11–2：

某企业于 2019 年 4 月 20 日向 B 企业销售一批商品，以托收承付结算方式进行结算，并已向银行办理了托收手续。该批商品的成本为 120000 元，增值税发票上注明售价 200000 元，增值税 26000 元，假设无其他税费、会计分录如下：

借：应收账款——B 企业　　226000

　贷：主营业务收入　　200000

　　　应交税费——应交增值税（销项税额）　　26000

借：主营业务成本　　120000

　贷：库存商品　　120000

（2）现金折扣的账务处理。现金折扣，是指小企业为了尽快回收资金而发生的理财费用。现金折扣在实际发生时直接计入当期财务费用。小企业应按实际收到的金额，借记“银行存款”等科目，按应给予的现金，借记“财务费用”科目，按应收账款，贷记“应收账款”“应收票据”等科目。

例 11-3：

某企业在 2019 年 5 月 1 日销售一批商品 200 件，增值税发票上注明售价 50000 元，增值税额 6500 元。该批商品的成本为 35000 元，假设无其他税费。企业为了及早收回货款在合同中承诺给予购货方如下现金折扣条件：2/10，1/20，n/30（假设计算现金折扣时不考虑增值税）。

假设该销售商品收入符合确认条件，则会计分录如下：

（1）5 月 1 日，按总售价确认收入：

借：应收账款　　56500

　贷：主营业务收入　　50000

　　　应交税费——应交增值税（销项税额）　　6500

借：主营业务成本　　35000

　贷：库存商品　　35000

（2）若 5 月 9 日买方付清货款，则按售价 50000 元的 2%应享受的现金折扣为 1000（50000×2%）元，实际付款 57500 元。会计分录如下：

借：银行存款　　57500

　　财务费用　　1000

　贷：应收账款　　58500

（3）若5月18日买方付清货款，则应享受的现金折扣为500(50000×1%)元，实际付款 58000 元。会计分录如下：

借：银行存款　　57500

　　财务费用　　500

　贷：应收账款　　58000

（4）若买方在 5 月 31 日以后才付款，则应按全额付款。会计分录如下：

借：银行存款　　58000

　贷：应收账款　　58000

（3）销售折让的账务处理。销售折让是指在商品销售时直接给予购买方的折让。销售折让应在实际发生时，直接从当期实现的销售收入中抵减。借记“主营业务收入”“应交税费——应交增值税”科目，贷记“应收账款”科目。

例 11-4：

某小企业销售一批商品给乙企业，增值税发票上注明售价 50000 元，增值税额 6500 元，该批商品的成本为 43000 元，假设无其他税费。货到后买方发现商品质量不合格，要求在价格上给予 5%的折让。经查明，乙企业提出的销售折让要求符合原合同的约定，企业同意并办妥了有关手续。假定此前企业已确认该批商品的销售收入。会计分录如下：

（1）确认销售收入：

借：应收账款——乙企业　　56500
　贷：主营业务收入　　50000
　　应交税费——应交增值税（销项税额）　　6500

借：主营业务成本　　43000
　贷：库存商品　　43000

（2）发生销售折让时：

借：主营业务收入　　2500
　应交税费——应交增值税（销项税额）　　325
　贷：应收账款——乙企业　　2825

（3）实际收到款项时：

借：银行存款　　53675
　贷：应收账款——乙企业　　53675

（4）销售退回的账务处理。销售退回，是指小企业售出的商品，由于质量、品种不符合要求等原因而发生的退货。销售退回应分别不同情况进行处理：

①未确认收入的已发出商品的退回。此种销售退回不进行账务处理。

②已确认收入的销售商品退回，一般情况下直接冲减退回当月的销售收入，同时冲减退回当月的销售成本；如该项销售已经发生现金折扣，应在退回当月一并调整。

小企业发生的销售退回，按应冲减的营业收入，借记“主营业务收入”科目，属于增值税一般纳税人的小企业，按允许扣减当期销项税额的增值税额，借记“应交税费——应交增值税（销项税额）”科目，按已付或应付的余额，贷记“银行存款”“应付账款”等科目。按退回的商品的成本，借记“库存商品”科目。贷记“主营业务成本”科目。

例 11-5：

小企业A是一家生产型企业，在2019年5月销售甲商品4000件，单价70元，6月初被客户退回1000件。A企业为客户办理了退货手续并退还了货款，重新将1000件甲商品验收入库。做会计分录如下：

借：主营业务收入　　70000

　　应交税费——应交增值税（销项税额）　　9100

　　贷：银行存款　　79100

③在特殊情况下，资产负债表日及以前已确认收入的商品销售，在资产负债表日后涵盖期间发生退回时，因此种销售退回属于资产负债表日后事项中的调整事项，应按照调整事项的处理原则，通过“以前年度损益调整”科目核算。

（三）特殊销售商品业务的会计处理

1. 委托代销

委托代销是小企业将自己生产或购进的商品委托给其他企业代为销售的一种销售方式。

委托代销业务的确认应于收到代销单位报来供销清单时进行，具体核算如下：

（1）小企业将委托代销商品交付受托代销单位时，按发出商品的实际成本（采用销售核算的按售价），借记“委托代销商品”科目，贷记“库存商品”科目。

（2）收到代销单位报来的代销清单时，按应收金额，借记“应收账款”科目，按应确认的收，贷记“主营业务收入”等科目，按专用发标上注明的增值税额，贷记“应交税费——应交增值税（销项税额）”科目；按应支付的手续费等，借记“销售费用”科目，贷记“应收账款”科目。同时，按代销商品的实际成本（或售价），借记“主营业务成本”等科目，贷记“委托代销商品”科目。

小企业采用售价核算委托代销商品的，月度终了，应将售出委托代销商品的售价调整为实际成本。

（3）收到代销单位的代销款项，借记“银行存款”科目，贷记“应收账款”等科目。

例 11-6：

甲企业是一家小型企业，在 2019 年 5 月 1 日委托乙企业销售商品 100 件，协议规定售价 10000 元，商品成本为 6000 元，增值税 1300 元。企业收到乙企业开来的代销清单时开具增值税发票。乙企业实际销售时开具的增值税发票上注明：售价 12000 元，增值税 1560 元。

甲企业（委托方）的会计分录如下：

(1) 将商品交付乙企业

借：委托代销商品　　6000

　贷：库存商品　　6000

(2) 企业收到代销清单：

借：应收账款——乙企业　　11300

　贷：主营业务收入　　10000

　　应交税费——应交增值税（销项税额）　　1300

借：主营业务成本　　6000

　贷：委托代销商品　　6000

(3) 收到乙企业销货款：

借：银行存款　　11300

　贷：应收账款——乙企业　　11300

2. 预收款销售

预收款销售，是指购买方在商品尚未收到前按合同约定付款，销售方在收到最后一次付款时才交货的销售方式。

收到预收货款时，借记“银行存款”科目，贷记“预收账款”科目（预收账款业务较少的企业，可不设“预收账款”科目进行核算，其业务可通过“应收账款”科目进行核算）；货物实际交付确认销售收入时，借记“预收账款”科目，贷记“主营业务收入”“应交税费——应交增值税（销项税额）”科目，差额部分，借记“银行存款”或“库存现金”科目。

例 11-7：

甲公司为增值税一般纳税企业，适用的增值税税率为 16%。2019 年 5 月 3 日，甲公司与乙公司签订协议，采用预收款销售方式销售一批商品给乙企业，该批商品的销售价格为 1000000 元（不含增值税额）。协议规定，乙企业应于协议签订之日预付 60% 的贷款（按销售价格计算），剩下的部分于 7 月 31 日付清。假定：

（1）5 月 3 日，甲公司已收到乙公司预付的款项。

（2）7 月 31 日，甲公司收到乙公司支付的剩余贷款及增值税额，并将该批商品交付给了乙公司。

（3）该批产品的实际成本为 700000 元。

会计分录如下：

（1）5 月 3 日，收到乙公司的预付款：

借：银行存款　　600000

　贷：预收账款——乙公司　　600000

（2）7 月 31 日，收到剩余的贷款及增值税：

借：预收账款　　600000

　　银行存款　　530000

　贷：主营业务收入　　1000000

　　　应交税费——应交增值税（销项税额）　　130000

借：主营业务成本　　　　　　　　　　　700000
　贷：库存商品　　　　　　　　　　　　　700000

3. 商品需要安装和检验的销售

如果安装费是与商品销售分开的，应在期末时根据安装的完工程度确认收入；如果安装费是商品销售收入的一部分，则应与所销售的商品同时确认收入。

4. 附有销售退回条件的商品销售

附有销售退回条件的商品销售，是指购买方依照有关协议有权退货的销售方式。在这种销售方式下，如果能够按照以往的经验对退货的可能性做出合理的估计，应在发出商品时，将估计不会发生退货的部分确认收入，估计可能发生退货的部分，不确认收入；如果企业不能合理地确定退货的可能性，则在售出商品退货期满时确认收入。

5. 以旧换新销售

以旧换新销售，是指销售方在销售商品的同时，回收与所售商品相同的旧商品。在这种销售方式下，销售的商品在销售时确认收入，回收的商品作为购进商品处理。

第三节　服务行业利润的中坚力量
——提供劳务收入

（一）对提供劳务收入进行确认和计量

对于以提供劳务为主营业务的小企业而言，在进行收入的确认时应区分劳务的提供是否跨年度（图 11–4）。

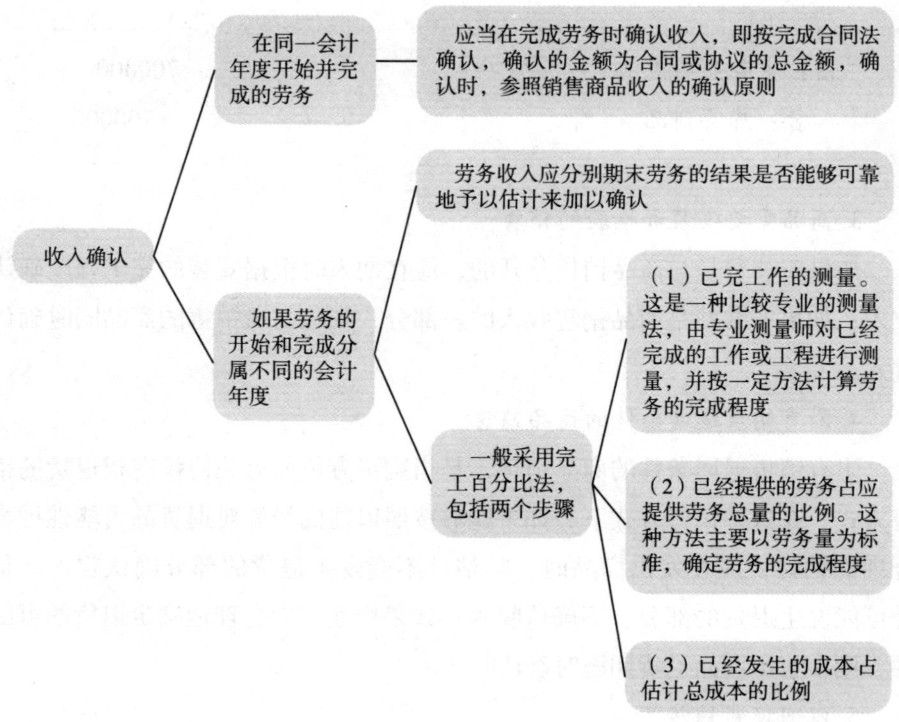

图 11-4　劳务收入的确认

劳务收入的计量如图 11-5 所示。

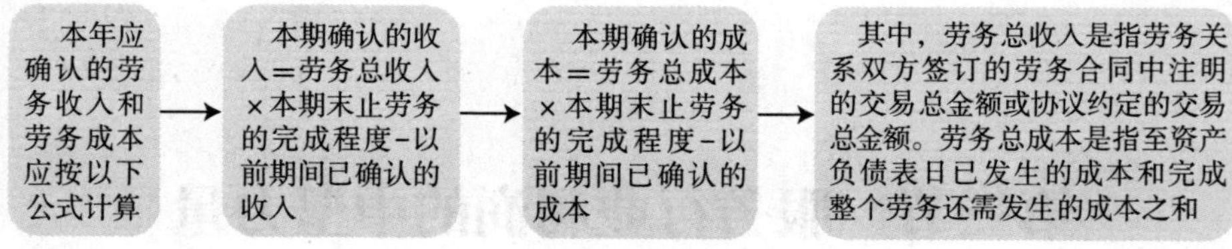

图 11-5　劳务收入的计量

（二）提供劳务收入的账务处理

小企业在提供劳务取得收入时，应按实际收到或应收的金额，借记“应收账款”“银行存款”等科目，按实现的劳务服务收入，贷记“主营业务收入”等科目，应交纳增值税的，还应按专用发票上注明的增值税额，贷记“应交税费——应交增值税（销项税额）”科目。结转劳务成本时，借记“主营业务成本”科目，贷记“劳务成本”科目。“劳务成本”科目的期末余额，反映小企业尚未完成的劳务的实际成本。在编制资产负债表时，“劳务成本”科目的期末余额计入“存货”项目。

例 11–8：

甲企业是一家以提供劳务为主的小规模企业，在 2018 年 1 月 12 日与乙企业签定劳务合同，向乙企业提供劳务，合同预计总收入 300000 元。2018 年 12 月 31 日，该项劳务尚未完成，已发生劳务成本 100000 元，预计完成该项劳务还将发生成本 110000 元，估计完工程度为 40%。假设不需要缴纳增值税。会计分录如下：

依据完工百分比法：

2018 年当年应确认的劳务收入 =300000×40%=120000（元）

2018 年当年应确认的劳务成本 =（100000+110000）×40%=84000（元）

借：应收账款——乙企业　　120000

　贷：主营业务收入　　120000

借：主营业务成本　　84000

　贷：劳务成本　　84000

注：小企业可以根据实际需要，对上述《小企业会计准则》中已经列明的科目做必要的增减或合并。在企业有劳务成本的情况下，即可以设立“劳务成本”科目，也可以通过在“主营业务成本”科目下设置二级科目进行核算。如本题中，可以通过“主营业务成本——劳务成本——×× 项目”进行核算。

第四节　同样为利润做出贡献

——其他业务收入

（一）其他业务收入的确认和计量

其他业务收入是小企业除主营业务收入以外的其他销售或其他业务的收入，如材料销售、无形资产出租、包装物出租等收入。其他业务收入的确认和计量如图 11–6 所示。

（1）其他销售收入的确认和计量，应比照主营业务收入的确认原则和计量办法处理

（2）小企业因让渡资产使用权而发生的使用费收入，应于满足下列条件时确认

- ①与交易相关的经济利益能够流入本企业。这是在收入确认时必须要满足的一项重要原则
- ②收入的金额能够可靠地计量。只有当收入的金额能够可靠地计量时，企业才能进行确认

（3）让渡资产使用权的收入应按小企业与其资产使用者签定的合同或协议的收费时间和方法确定

- ①如果合同或协议规定使用费一次支付，且不提供后期服务的，应将该项资产的销售一次确认收入
- ②如提供后期服务的，应在合同或协议规定的有效期内分期确认收入
- ③如果合同或协议规定分期支付使用费的，应按合同或协议规定的收款时间和金额或合同协议规定的收款方法计算的金额分期确认收入

图 11–6　其他业务收入的确认和计量

（二）其他业务收入的账务处理

小企业应设置“其他业务收入”和“其他业务支出”科目，对发生的其他销售或让渡资产使用权的收入进行核算。

“其他业务收入”科目核算小企业除主营业务收入以外的其他销售或其他业务的收入，如材料销售、无形资产出租、包装物出租等收入。

“其他业务收入”科目应按其他业务的种类设置明细账，进行明细核算。期末，应将该科目的余额转入“本年利润”科目，结转后该科目应无余额。

“其他业务支出”科目核算小企业除主营业务成本以外的其他销售或其他业务所发生的支出，包括销售材料、提供劳务等而发生的相关成本、费用及相关的税金和附加。

“其他业务支出”科目也应按其他业务的种类设置明细账，进行明细核算。期末，也应将该科目的余额转入“本年利润”科目，结转后该科目同样应无余额。

1. 其他销售收入

小企业销售材料，应按售价和应收的增值税，借记“银行存款”“应收账款”等科目，按实现的营业收入，贷记“其他业务收入”科目，按增值税专用发票上注明的增值税额，贷记“应交税费——应交增值税（销项税额）”科目。月度终了，按出售原材料的实际成本，借记“其他业务支出”科目，贷记“原材料”科目。

例 11–9：

某小型企业是一家纺织企业，在 2019 年 1 月 10 日出售某化纤材料 5000 千克，售价每千克 20 元，共计 100000 元（不含增值税额），增值税税率为 13%，材料款已存入银行，假设无其他相关税费。该材料成本为每千克 15 元。会计分录如下：

借：银行存款　113000

　贷：其他业务收入　100000

　　　应交税费——应交增值税（销项税额）　13000

借：其他业务支出　75000

　贷：原材料　75000

注：由于该企业以生产纺织品为主，出售化纤材料的业务属于偶然发生的，因此只在“其他业务收入”科目，而不在“主营业务收入”科目中进行核算。

2. 让渡资产使用权

（1）小企业出租包装物，收到出租包装物的租金，借记“库存现金”“银行存款”等科目，按实现的收入金额，贷记“其他业务收入”科目，按专用发票上注明的增值税额，贷记“应交税费——应交增值税（销项税额）”科目。出租包装物，在第一次领用新包装物时，应当结转成本，借记“其他业务支出”科目，贷记“原材料”科目。

（2）小企业出租无形资产，收到出租无形资产所取得的租金收入，借记“银行存款”等科目，贷记“其他业务收入”科目；结转出租无形资产的成本时，借记“其他业务支出”科目，贷记“无形资产”等科目。

例 11-10：

某小企业于 2018 年 1 月 5 日向 A 公司转让某项专利权的使用权，转让期为 5 年，每年年初收取使用费 100000 元。该转让业务属非主营业务，则某小企业每应于年初收取使用费时确认收入 100000 元，做会计分录如下：

借：银行存款　　　　100000

　贷：其他业务收入　　　　100000

第十二章 有所得则必有投入

——成本费用的会计核算

● 全章概览

生活中我们常常有这样的体验：“付出不一定有回报，但想要有回报则必然要付出。”付出是回报的必要不充分条件。同样的道理，企业想要盈利则必然有成本的发生，“空手套白狼”的事是没有的。

成本费用的核算在企业是十分重要的，因为只有准确的成本，才能有准确的利润，从而才能为企业创造一个清晰的前景。成本费用这章的内容较多，请读者一定要有耐心，相信只有付出才会有收获。

第一节　何谓成本费用

——成本费用的概念及分类

（一）成本费用的概念

成本是与费用有密切联系的一个概念，成本有广义和狭义之分（图 12–1）。

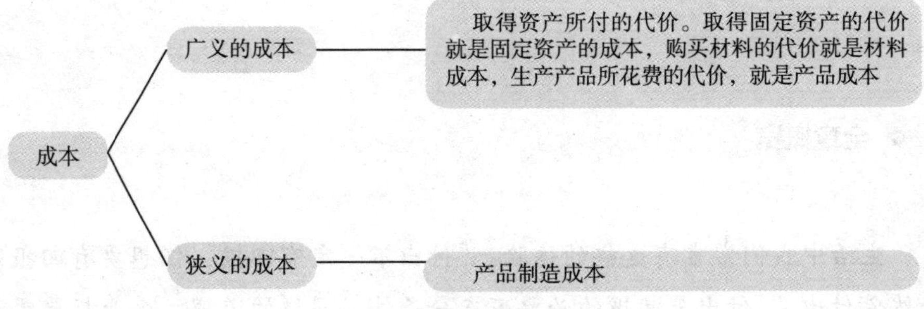

图 12–1　成本的概念

就制造业而言，生产费用的发生过程，同时又是产品制造成本的形成过程。但是，两者也有区别。生产费用是某一期间内为进行生产而发生的费用，它与一定的时期相联系，而与生产哪一种产品无关；产品成本是为生产一定种类产品而发生的费用，它与一定种类和数量的产品相联系，而不论发生在哪一时期。由此可见，成本是对象化了的费用。

（二）费用的分类

费用可按经济性质及经济用途分为两大类（图 12–2）。

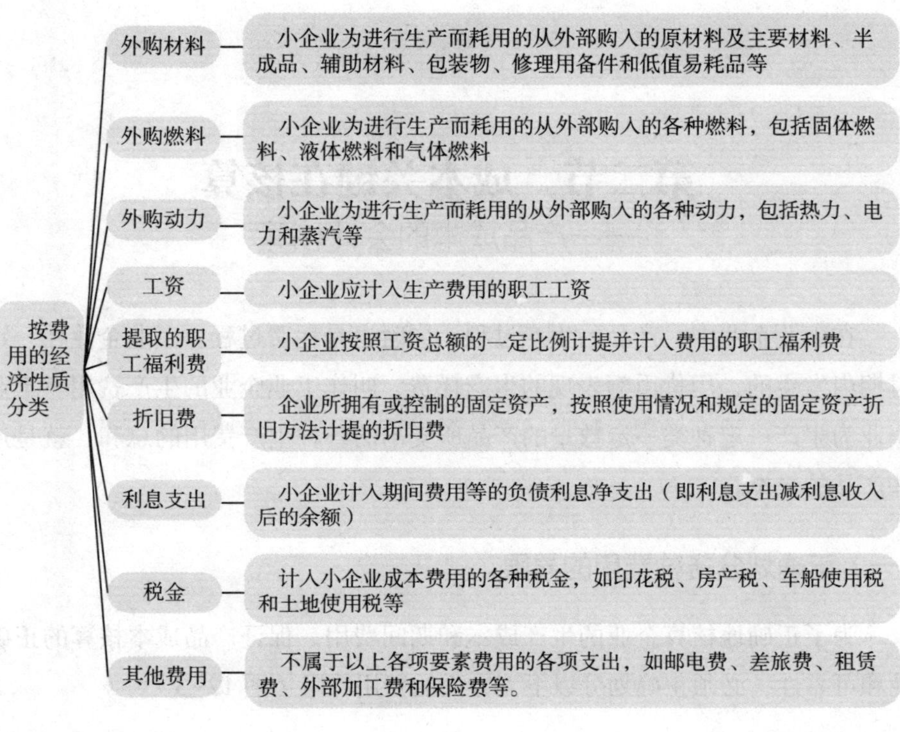
按费用的经济性质分类
外购材料
小企业为进行生产而耗用的从外部购入的原材料及主要材料、半成品、辅助材料、包装物、修理用备件和低值易耗品等
外购燃料
小企业为进行生产而耗用的从外部购入的各种燃料，包括固体燃料、液体燃料和气体燃料
外购动力
小企业为进行生产而耗用的从外部购入的各种动力，包括热力、电力和蒸汽等
工资
小企业应计入生产费用的职工工资
提取的职工福利费
小企业按照工资总额的一定比例计提并计入费用的职工福利费
折旧费
企业所拥有或控制的固定资产，按照使用情况和规定的固定资产折旧方法计提的折旧费
利息支出
小企业计入期间费用等的负债利息净支出（即利息支出减利息收入后的余额）
税金
计入小企业成本费用的各种税金，如印花税、房产税、车船使用税和土地使用税等
其他费用
不属于以上各项要素费用的各项支出，如邮电费、差旅费、租赁费、外部加工费和保险费等。

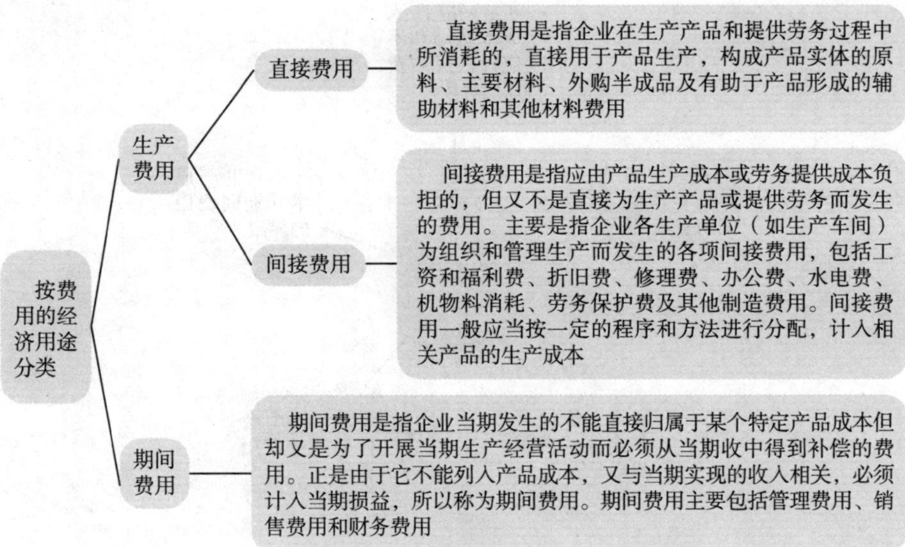
按费用的经济用途分类
生产费用
直接费用
直接费用是指企业在生产产品和提供劳务过程中所消耗的，直接用于产品生产，构成产品实体的原料、主要材料、外购半成品及有助于产品形成的辅助材料和其他材料费用
间接费用
间接费用是指应由产品生产成本或劳务提供成本负担的，但又不是直接为生产产品或提供劳务而发生的费用。主要是指企业各生产单位（如生产车间）为组织和管理生产而发生的各项间接费用，包括工资和福利费、折旧费、修理费、办公费、水电费、机物料消耗、劳务保护费及其他制造费用。间接费用一般应当按一定的程序和方法进行分配，计入相关产品的生产成本
期间费用
期间费用是指企业当期发生的不能直接归属于某个特定产品成本但却又是为了开展当期生产经营活动而必须从当期收中得到补偿的费用。正是由于它不能列入产品成本，又与当期实现的收入相关，必须计入当期损益，所以称为期间费用。期间费用主要包括管理费用、销售费用和财务费用

图 12−2　费用的分类

第二节 成本关键在核算
——产品成本的会计核算

在工业企业中，产品的生产过程，同时也是耗费过程。工业企业在一定时期内发生的、用货币额表现的生产耗费，叫作工业企业的生产费用。工业企业为生产一定种类一定数量的产品所支出的各种生产费用的总和，就是这些产品的成本。

（一）正确划分各种费用的界限

为了正确地核算企业的生产成本和期间费用，保证产品成本核算的正确性和可靠性，必须正确划分以下五方面的费用界限（图 12–3）。

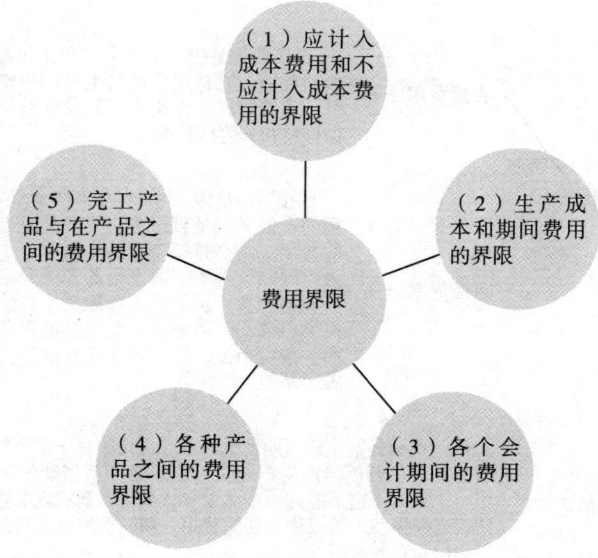

图 12–3 划分各种费用的界限

（二）产品成本核算的账户设置

为了按照用途归集各项费用，正确计算产品成本，小企业应设置“生产成本”“制造费用”“待摊费用”“预提费用”等账户（图 12−4）。

1. 生产成本账户

“生产成本”账户核算企业进行工业性生产所发生的各项产品费用。该科目借方反映小企业发生的各项直接材料费用、直接人工费用和转入的制造费用，贷方反映期末按实际成本计价的、生产完工入库的产品、自制材料、自制工具的成本结转，期末余额一般在借方，表示期末尚未加工完成的在产品成本。

小企业可根据自身的生产特点和管理要求，设置“基本生产成本”和“辅助生产成本”两个二级账户

2. 制造费用账户

“制造费用”账户核算企业为生产产品和提供劳务而发生的各项制造费用。该账户借方反映发生的制造费用，贷方反映期末按一定的分配方法和分配标准将制造费用在各成本计算对象间的分配结转，期末结转后本科目一般无余额

3. 待摊费用账户

“待摊费用”账户核算企业已经支出，但应由本期和以后各期成本分别负担的、分摊期在一年以内的各项费用。该账户借方登记发生的各项待摊费用，贷方登记各期应摊销的费用，借方余额为期末尚未摊销完的待摊费用。其明细账按费用各类设置

4. 预提费用账户

“预提费用”账户核算企业按规定计入成本费用但尚未支付的各项费用。该账户贷方登记预提费用增加额，借方登记支付预提费用额。期末账户余额一般在贷方，反映已预提而尚未支付的费用。若实际支出数大于预提数，为借方余额，视同待摊费用。其明细账按费用种类设置

图 12−4　产品成本核算的账户设置

（三）生产费用核算的一般程序

生产费用核算的最终目的是为了进行产品或劳务成本的计算，因此，生产费用的会计核算实质上就是一个通过系统化的方法把生产费用分配计入小企业所生产的各种产品和劳务成本的过程。一般而言，其基本步骤如图 12−5 所示。

（1）对企业所发生的各项要素费用进行审核和控制，确定费用应不应该开支；应开支的费用，还要区分哪些费用应计入生产费用，哪些费用应计入期间费用，确定生产费用的核算范围

↓

（2）按照各成本计算对象对本期应计入产品或劳务成本的各种生产费用进行归集和分配，计算各种产品和劳务的生产成本

↓

（3）在进行费用的归集时，应将本月开支而应由以后期间分摊的费用计作待摊费用，将以前月份开支的待摊费用中应由本月负担的费用摊入本月

↓

（4）对于直接费用要直接计入相应产品和劳务的生产成本中，而对间接费用则应先计入“制造费用”科目，到月末再通过一定的方法分配，计入各产品和劳务的生产成本中

↓

（5）对既有完工产品又有在产品的产品品种，应将月初在产品费用与本月生产费用之和，在完工产品与月末在产品之间进行分配，计算出该种完工产品的成本，并结转完工产品的成本

图 12–5　生产费用核算的一般程序

（四）生产费用的具体核算

小企业对所发生的各项生产费用，应按成本核算对象和成本项目分别归集，属于直接材料、直接人工等直接费用，直接计入基本生产成本和辅助生产成本，属于企业辅助生产车间为生产产品提供的动力等间接费用，应当在“辅助生产成本”明细科目核算后，再转入“基本生产成本”明细科目；其他间接费用先在“制造费用”科目汇集，月度终了，再按一定的分配标准，分配计入有关的产品成本。

1. 基本生产直接费用的归集与分配

基本生产是小企业为生产主要产品而进行的生产活动。对于基本生产所发生的直接费用，包括直接材料费、直接人工费，应当在归集时直接计入“基本生产成本”明细科目。即当发生各项直接生产费用时或在月末，小企业应根据有关凭证，借记“生产成本——基本生产成本”，贷记“库存现金”“银行存款”“应付职工薪酬”“原材料”“应付福利费”等科目。

例 12–1：

某小企业基本生产车间本月生产 A、B 两种产品。为生产 A 产品，本月领用甲材料 500 千克，单价 32 元；为生产 B 产品，本月领用乙材料 400 千克，单价 20 元。另外，两种产品还共同耗用丙材料 200 千克，单价 60 元。该企业采用材料的定额消耗量来分配产品所承担的材料成本，且根据 A、B 两种产品对丙的定额消耗量来分配产品所承担的材料成本。已知 A、B 两种产品对丙的定额消耗量分别为 20 千克和 40 千克。本月所发生的生产工人工资总额为 40000 元，该企业实施的是计时工资，采用定额工时分配工资费用，并相应地按应付职工薪酬总额的 14% 计提福利费。已知 A 产品的定额工时为 7500 小时，B 产品的定额工时为 12500 小时。该企业在月末根据上述资料做如下账务处理：

(1) 分配两种产品所应承担的丙材料成本，并做相应会计处理：

丙材料成本分配率 =200×60÷60=200（元 / 千克）

A 产品应负担的丙材料成本 =200×20=4000（元）

B 产品应负担的丙材料成本 =200×40=8000（元）

A 产品共计入直接材料费用 =32×500+4000=20000（元）

B 产品共计入直接材料费用 =20×400+8000=16000（元）

借：生产成本——基本生产成本（A 产品）　20000

　　　　　　——基本生产成本（B 产品）　16000

　贷：原材料——甲材料　16000

　　　　　　——乙材料　8000

　　　　　　——丙材料　12000

(2) 分配工资费用，并做相应的会计处理：

工资费用的分配率 =2（元 / 工时）

A 产品应分担的工资费用 =2×7500=15000（元）

B 产品应分担的工资费用 =2×12500=25000（元）

A 产品应承担的生产工人福利费 =15000×14%=2100（元）

B 产品应承担的生产工人福利费 =25000×14%=3500（元）

借：生产成本——基本生产成本（A 产品）　　17100
　　　　　　——基本生产成本（B 产品）　　28500
　贷：应付职工薪酬　　40000
　　　应付福利费　　5600

2. 辅助生产费用的归集与分配

辅助生产是为基本生产车间、企业行政管理部门以及辅助生产车间相互之间提供产品和劳务的生产车间。辅助生产费用通过“生产成本——辅助生产成本”账户进行归集。

辅助生产直接费用的归集和分配同基本生产是一致的，只是明细科目上有差异。小企业在辅助生产直接费用发生时或在月末，应根据有关凭证借记“生产成本——辅助生产成本”，并可按直接材料、直接人工成本项目设置专栏，贷记“库存现金”“银行存款”“应付职工薪酬”“原材料”“应付福利费”等科目。

在月度终了，辅助生产所归集的生产成本应按照一定的分配标准分配给各受益对象，即借记“生产成本——基本生产成本”“销售费用”“管理费用”“在建工程”等科目，贷记“生产成本——辅助生产成本”。

3. 制造费用的归集与分配

制造费用是企业为生产产品和提供劳务而发生的各项间接费用，包括工资和福利费、折旧费、修理费、办公费、水电费、机物料消耗、劳动保护费、季节性和修理期间的停工损失等。

在具体核算时，对车间发生的机物消耗，应借记“制造费用”科目，贷记“原材料”等科目；发生的车间管理人员的工资及福利费，借记“制造费用”科目，贷记“应付职工薪酬”“应付福利费”科目；车间计提的固定资产折旧，借记“制造费用”科目，贷记“累计折旧”科目；车间支付的办公费、修理费、水电费等，借记“制造费用”科目，贷记“银行存款”等科目；发生季节性和修理期间的停工损失，借记“制造费用”科目，贷记“原材料”“应付职工薪酬”“应付福利费”“银行存款”等科目。小企业在核算辅助生产车间的制造费用时，也可不单设“制造费用”科目，而直接在“生产成本——辅助生产成本”中核算。

到了月末，对各生产车间、部门应负担的制造费用，还应按企业成本核算办法的规定，分配计入有关的成本核算对象，借记“生产成本——基本生产成本（辅助生产成本）”科目，贷记“制造费用”科目。除季节性生产外，本科目期末应无余额。在各种产品之间分配制造费用的方法，通常有按生产工人工资、按生产工人工时、按机器工时、按耗用原材料的数量或成本、按直接成本（原材料、燃料、动力、生产工人工资及应提取的福利费之和）、按产成品产量等比例分配。为简化核算，企业也可以按预定分配率（或称计划分配率）进行分配。

以生产工时为例，制造费用分配公式如下：

制造费用分配率＝待分配的制造费用总额 / 车间各种产品的生产工时总数

制造费用的分配方法一经确定，不得随意变更；如需变更，应当在会计报表附注中予以说明。

例 12–2：

某小企业第一车间生产甲、乙两种产品，2018 年 8 月的制造费用总额为 20000 元，采用实际耗用的工时比例在两种产品之间分配。8 月份实际耗用工时：甲产品为 4000 小时，乙产品为 6000 小时，甲、乙产品应负担的制造费用为：

制造费用分配率＝ 20000/（4000 ＋ 6000）＝ 2（元 / 工时）

甲产品负担的制造费用＝ 4000×2 ＝ 8000（元）

乙产品负担的制造费用＝ 6000×2 ＝ 12000（元）

注意：实际工作中应编制制造费用分配表，分配制造费用。

4. 完工产品成本的计算

通过上述各项费用的归集和分配，基本生产车间在生产过程中发生的各项费用，已经集中反映在“生产成本——基本生产成本”账户及其明细的借方。月末如果某种产品既有完工产品又有在产品，则需将“生产成本——基本生产成本”账户中归集的各项生产费用在完工产品和在产品之间进行分配，计算出完工产品成本和月末在产品成本。常用的方法有以下几种（表12-1、表12-2、表12-3）。

表 12-1　约当产量比例法

定义	根据月末在产品数量，按其完工程度折合成相当于完工产品的产量，然后将各项生产费用按完工产品数量和在产品约当产量比例进行分配的一种方法
计算公式	在产品的约当产量＝在产品数量 × 完工程度 单位成本＝（月初在产品成本＋本月发生生产费用）/（产成品产量＋月末在产品约当产量） 产成品成本＝单位成本 × 产成品产量 月末在产品成本＝单位成本 × 月末在产品约当产量
适用范围	采用约当产量比例法分配生产费用，对在产品完工率的确定非常关键。由于投入的产品是逐步加工的，先投入的加工程度较大，后投入的加工程度较小。到了月末，有的在产品接近完工；有的完工了一半，有的刚刚开始进入生产。所以为了简化计算起见，在计算各工序内在产品完工程度时，采用 50% 平均计算。 有了各工序在产品完工程度和各工序在产品盘存数量，即可求得在产品的约当产量。各工序产品的完工程度可事先制定，产品工时定额不变时可长期使用。如果各工序在产品数量和单位工时定额都相差不多，在产品的完工程度也可按 50% 计算
注意事项	应当指出，在很多加工生产中，原材料是在生产开始时一次投入的。这时，在产品无论完工程度如何，都应和完工产品同样负担材料费用。如果原材料是随着生产过程陆续投入的，则应按照各工序投入的材料费用在全部材料费用中所占的比例计算在产品的约当产量

例 12-3：

设某小企业生产 A 产品，月初在产品成本中直接材料费用为 4125 元，直接人工费用 2400 元，制造费用为 1427 元；本月发生的直接材料费用为 11737 元、直接人工费用 6462 元、制造费用为 3953 元。本月完工产品共 262 件，月末在产品计 90 件，原材料属于在生产开始时一次投入，在产品的完工程度为 60%。

(1) 直接材料费用的分配：

在产品材料费用的约当产量＝ 90 × 100%=90（件）

单位产品的直接材料费用＝（4125+11737）/（262+90）=45.06（元）

完工产品应负担的直接材料费 =262 × 45.06=11805.72（元）

在产品应负担的直接材料费 =90 × 45.06=4055.40（元）

(2) 直接人工费用的分配：

在产品人工费用等的约当产量 =90 × 60%=54（件）

直接人工分配率＝（2400+6462）/（262+90 × 60%）=28.04（元）

完工产品应负担的直接人工费用 =262 × 28.04=7346.48（元）

月末在产品应负担的直接人工费用 =54 × 28.04=1514.16（元）

(3) 制造费用的分配：

在产品制造费用的约当产量 =90 × 60%=54（件）

制造费用分配率＝（1427+3953）/（262+54）=17.03（元）

完工产品应负担的制造费用 =262 × 17.03=4461.86（元）

在产品应负担的制造费用 =54 × 17.03=919.62（元）

(4) 汇总计算完工产品成本和月末在产品成本：

① 262 件完工产品成本 =11805.72+7346.48+4461.86=23614.06（元）

② 90 件月末在产品成本 =4055.40+1514.16+919.62=6489.18（元）

表 12–2　在产品成本按定额成本计算法

定义	按照预先制定的定额成本计算月末在产品成本、月初生产费用与本月生产费用之和减去月末在产品的定额成本后，即为本月完工产品总成本。按定额成本计算在产品成本时，月末在产品成本脱离定额的差异全部由完工产品负担
计算公式	定额材料费用＝在产品数量 × 单位消耗定额 × 计划单价 燃料、工资、制造费用等项目定额费用＝在产品数量 × 工时定额 × 该项目每小时计划费用额 完工产品总成本＝月初生产费用＋本月生产费用 － 月末在产品定额成本

表 12–3　定额比例法

定义	企业分别成本项目，按照完工产品与月末在产品定额耗用量或定额费用的比例分配成本费用的一种方法
计算公式	定额比例（费用分配率）＝月初在产品实际费用＋本月实际费用 / 月末在产品定额消耗量（或定额费用） 完工产品定额成本＝月末完工产品定额消耗量（或定额费用）× 费用分配率 月末在产品定额成本＝月末在产品定额消耗量（或定额费用）× 费用分配率
适用范围	定额比例法是产品的生产费用按照完工产品和月末在产品的定额消耗量或定额费用的比例，分配计算完工产品成本和月末在产品成本的方法。其中，原材料费用按照原材料定额消耗量或原材料定额费用比例分配；工资和福利费、制造费用等各项加工费，可以按定额工时的比例分配，也可以按定额费用比例分配
优势	这种分配方法适用于定额管理基础较好，各项消耗定额或费用定额比较准确、稳定，各月末在产品数量变动较大的产品

除上述三种基本方法外，根据企业的生产特点和管理水平等具体情况，可采用表 12–4 所示的三种简便方法。

表 12–4　生产费用在完工产品和在产品之间的分配

（1）不计算在产品成本（即在产品成本为零）	这种方法适用于月末在产品数量很小的情况。算不算在产品成本对完工产品成本影响不大，为了简化核算工作，可以不计算在产品成本，即在产品成本是零。本月发生的产品生产费用就是完工产品的成本
（2）在产品成本按年初数固定计算	这种方法适用于月末在产品数量很小，或者在产品数量虽大但各月之间在产品数量变动不大，月初、月末在产品成本的差额对完工产品成本影响不大的情况。为简化核算工作，各月在产品成本可以固定按年初数计算。采用这种方法，某种产品本月发生的生产费用就是本月完工产品的成本。年终时，根据实地盘点的在产品数量，重新计算在产品成本，以避免在产品成本与实际出入过大，影响成本计算的正确性
（3）在产品成本按所耗用的原材料费用计算	这种方法是在产品成本按所耗用的原材料费用计算，其他费用全部由完工产品成本负担。这种方法适合于在原材料费用在产品成本中所占比重较大，而且原材料是在生产开始时一次就全部投入的情况下使用。为了简化核算工作，月末在产品可以只计算原材料费用，其他费用全部由完工产品负担

5. 登记产品成本明细账以及各种费用账户

计算各种产品的生产成本和各项期间费用，编制产品成本计算单。

产品成本计算主要账务处理程序，如图 12-6 所示。

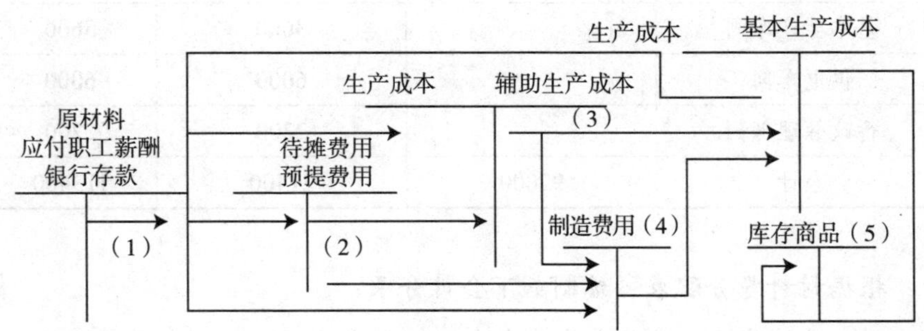

图 12-6　成本计算主要账务处理程序

（1）分配各项要素费用　（2）分配待摊费用和预提费用

（3）分配辅助生产费用　（4）分配制造费用　（5）结转库存产成品成本

（五）产品成本核算综合实例

例 12-4：

某小企业设一个基本生产车间，本月生产 A、B 两种产品，一个辅助生产车间（供电车间），2018 年 5 月该企业有关生产费用的发生情况见表 12-5、表 12-6、表 12-7、表 12-8。制造费用按定额工时比例分配，完工产品成本和月末在产品成本用约当产量法分配。

(1) 本月耗用材料情况见表 12-5。

表 12-5　材料费用分配表

2018 年 5 月　　单位：元

材料分配 / 产品或部门	材料及主要材料	辅助材料	合计
A 产品	52000	6912	58912
B 产品	40000	2688	42688

续表

材料分配 产品或部门	材料及主要材料	辅助材料	合计
基本生产车间		3600	3600
供电车间		6000	6000
行政管理部门		2200	2200
合计	92000	21400	113400

根据材料费分配表，编制如下会计分录：

借：生产成本——基本生产成本——A 产品　　58912

——B 产品　　42688

——辅助生产成本　　6000

制造费用　　3600

管理费用　　2200

贷：原材料——原料及主要材料　　92000

——辅助材料　　21400

(2) 工资及福利费的会计核算。该企业当月工资分配情况，见表 12–6。

表 12–6　工资及福利费用分配表

2018 年 5 月　　单位：元

费用分配 产品或部门	应付职工薪酬	应计提福利费（14%）	合计
A 产品	21600	3024	24624
B 产品	14400	2016	16416
基本车间	10000	1400	11400
供电车间	8000	1120	9120
行政管理部门	14000	1960	15960
合计	68000	9520	77520

根据工资福利费用分配表，编制如下会计分录：

借：生产成本——基本生产成本——A 产品　21600
　　　　　　　　　　　　　——B 产品　14400
　　　　　　　　——辅助生产成本　8000
　　制造费用　10000
　　管理费用　14000
　贷：应付职工薪酬　68000

借：生产成本——基本生产成本——A 产品　3024
　　　　　　　　　　　　——B 产品　2016
　　　　　　　　——辅助生产成本　1120
　　制造费用　1400
　　管理费用　1960
　贷：应付福利费　9520

(3) 折旧及预提修理费用的会计核算。该企业提取累计折旧和修理费用的情况，见表 12-7。

表 12-7　折旧费用分配表

2018 年 5 月　　单位：元

项目	基本车间	辅助车间	行政部门	合计
折旧	1600	1400	960	3960

根据表 12-7 的数据编制如下会计分录：

借：生产成本——辅助生产成本　1400
　　制造费用　1600
　　管理费用　960
　贷：累计折旧　3960

(4) 其他费用的会计核算。根据企业本月有关银行付款凭证，编制本月其他费用分配表，见 12-8。

表 12-8　其他费用分配表

2018 年 5 月　　　　单位：元

费用种类 车间或部门	办公费	劳保费	合计
基本车间	1300	240	1540
供电车间	872	160	1032
行政部门	1148	200	1348
合计	3320	600	3920

根据表 12-8 编制如下会计分录：

借：生产成本——辅助生产成本　　1032
　　制造费用　　1540
　　管理费用　　1348
　贷：银行存款　　3920

（5）辅助生产费用的会计核算。根据表 12-5、表 12-6、表 12-7、表 12-8 的数据，登记辅助生产费用明细账的汇总数额，见表 12-9。

表 12-9　辅助生产成本明细账

2018 年 5 月　　　　单位：元

日期	序号	摘要	材料	工资及福利	折旧	其他费用	合计
5.31	1	材料费用分配（表 12-5）	6000				6000
5.31	2	工资及福利费用分配（表 12-6）		9120			9120
5.31	3	折旧费用分配（表 12-7）			1400		1400
5.31	4	其他费用分配（表 12-8）				1032	1032
5.31	5	合计	6000	9120	1400	1032	17552
5.31	6	分配转出本月辅助生产费用	6000	9120	1400	1156	17552

设该企业的辅助生产费用于月末全部转出，各部门耗用供电车间的辅助生产费用按实际耗用量分配。本月耗电总量为17552度，其中基本生产15000度（甲产品9000度，乙产品6000度），车间一般耗用1000度，企业行政管理部门耗用1552度。

辅助生产费用分配率＝17552/17552＝1

甲产品负担的辅助生产费用＝9000×1＝9000（元）

乙产品负担的辅助生产费用＝6000×1＝6000（元）

基本车间负担的辅助生产费用＝1000×1＝1000（元）

行政管理部门负担辅助生产费用＝1552×1＝1552（元）

根据上述资料编制辅助生产费用分配表，见表12−10。

表12−10　辅助生产费用分配表

2018年5月　　单位：元

费用分配 车间或部门	供应量（度）	分配率	分配金额
甲产品	9000	1	9000
乙产品	6000	1	6000
基本车间	1000	1	1000
行政管理部门	1552	1	1552
合计	17552	1	17552

根据表12−10，编制如下会计分录：

借：生产成本——基本生产成本——甲产品　9000
　　　　　　　　　　　　　　——乙产品　6000
　　制造费用　1000
　　管理费用　1552
　贷：生产成本——辅助生产成本　17552

（6）制造费用的汇集和分配。根据表12−5、表12−6、表12−7、表12−8、表12−9、表12−10，登记制造费用明细账，见表12−11。

表 12-11　制造费用明细账

2018 年 5 月　　　　单位：元

日期	摘要	材料费	工资费	福利费	折旧费	辅助费	其他	合计
5.31	表 12-5	3600						3600
5.31	表 12-6		10000	1400				11400
5.31	表 12-7				1600			1600
5.31	表 12-8						1540	1540
5.31	表 12-9							
5.31	表 12-10					1000		1000
	合计	3600	10000	1400	1600	1000	1540	19140

月末，根据制造费用明细账归集的制造费用，以定额工时为标准分配制造费用。本月定额工时为：甲产品 13000 小时，乙产品 6140 小时。

制造费用分配率 = 19140/（13000 + 6140）= 1

甲产品负担的制造费用 = 13000 × 1 = 13000（元）

乙产品负担的制造费用 = 6140 × 1 = 6140（元）

根据上述资料编制制造费用分配表，见表 12-12。

表 12-12　制造费用分配表

2018 年 5 月　　　　单位：元

费用分配 / 产品名称	定额工时	分配率	分配费用
甲产品	13000	1	13000
乙产品	6140	1	6140
合计	19140	1	19140

根据表 12-12 资料编制会计分录如下：

借：生产成本——基本生产成本——甲产品　　　　13000

——乙产品　　　　6140

贷：制造费用　　　　19140

(7) 生产费用在完工产品与在产品之间进行分配。本月甲产品完212700件，月初在产品成本为18764元。其中，直接材料费11388元、直接人工费5376元，制造费用2000元，月末在产品数量250件，完工程度为40%，材料在生产开始一次投入。乙产品月初和月末均无在产品。假定该企业采用约当产量比例法，分配甲产品月末完工产品和在产品成本（表12-13）。

表12-13　基本生产成本明细账

2018年5月　　　　单位：元

日期	摘要	直接材料	直接工资	制造费用	合计
1	月初在产品成本	11388	5376	2000	18764
31	本月生产费用	58912	24624	22000	105536
31	生产费用合计	70300	30000	24000	124300
	单位成本	74	37.5	30	141.5
31	完工产品成本	51800	26250	21000	99050
31	月末在产品成本	18500	3750	3000	25250

在产品约当产量＝250×40%＝100（件）

①原材料分配率＝（11388＋58912）÷（700＋250）＝74

完工产品材料成本＝700×74＝51800（元）

在产品材料成本＝250×74＝18500（元）

②人工费用分配率＝（5376＋24624）÷（700＋250×40%）＝37.5

完工产品人工成本＝700×37.5＝26250（元）

在产品人工成本＝250×40%×37.5＝3750（元）

③制造费用分配率＝（2000＋9000＋13000）÷（700＋100）＝30

完工产品制造费用＝700×30＝21000（元）

在产品制造费用＝250×40%×30＝3000（元）

甲产品完工产品总成本＝51800＋26250＋21000＝99050（元）

甲产品期末在产品成本＝18500＋3750＋3000＝25250（元）

乙产品期初期末均无在产品，当月所发生的生产费用全部为完工乙产品的成本。乙产品成本计算如下：

乙产品完工产品总成本＝42688＋16416＋6000＋6140＝71244(元)

(8) 完工产成品成本的结转：根据表12-9的资料和上述计算数据，编制产成品完工入库的会计分录：

借：库存商品——甲产品　　99050

　　　　　　——乙产品　　71244

　贷：生产成本——基本生产成本——甲产品　　99050

　　　　　　　　　　　　　　　——乙产品　　71244

(9) 期间费用按各项费用单设账户归集，期末将汇总额直接转入本年利润；进行结转后，除有月末在产品时，“生产成本——基本生产成本”账户有借方余额；季节性生产企业可能会有“制造费用”账户借方余额外，各账户均应于月末结平，没有余额。

第三节　将成本对象化

——产品成本的会计核算

产品成本归集分配完毕后，应按成本计算对象编制成本计算单，并选择一定的成本计算方法，计算各种产品的总成本和单位成本。企业可以根据生产经营特点、生产经营组织类型和成本管理要求，具体确定成本计算方法，成本计算的基本方法有品种法、分批法和分步法三种（表12-14）。

表 12-14　产品成本核算的基本方法

1. 品种法	
定义	产品成本计算的品种法，是指以产品品种为成本核算对象来归集生产费用，计算产品成本的一种方法
适用范围	它适用于单步骤的大量生产，如发电、供水、采掘等企业，或者生产是按流水线组织的，管理上不要求按照生产步骤计算半成品成本的大批量、多步骤生产，如糖果、饼干、水泥和造纸等企业，以及企业内的供水、供电、供气等辅助生产车间计算提供给基本生产车间和其他辅助生产车间使用的水、电、气的劳务成本，都可以按品种法计算产品成本
基本特点	（1）成本计算对象是产品品种
	（2）品种法下一般定期（每月月末）计算产品成本
	（3）如果企业月末有在产品，要将生产费用在完工产品和在产品之间进行分配
2. 分批法	
定义	产品成本计算的分批法，是以产品批别为成本计算对象来归集生产费用计算产品成本的一种方法
适用范围	它主要适用于单件小批类型的生产，如造船业、重型机器制造业等。也可适用于一般工业企业中的新产品试制或试验的生产、在建工程和设备修理作业等，以及不断更新产品的高档时装企业等
特点	（1）成本计算对象是产品的批别。由于产品的批别大多是根据销货订单确定的，因此，这种方法又称为订单法
	（2）分批法下，产品成本的计算是与生产任务通知单的签发和结束紧密配合的，因此产品成本计算是不定期的。成本计算期与产品生产周期基本一致，而与核算报告期不一致
	（3）在分批法下，由于成本计算期与产品的生产周期基本一致，因而在计算月末在产品成本时，一般不存在完工产品与在产品之间分配费用的问题
3. 分步法	
定义	产品成本计算的分步法，是按照产品的生产步骤计算产品成本的一种方法
适用范围	它适用于大量大批的多步骤生产，如纺织、冶金、大量大批的机械制造企业。在这类企业中，产品生产可以分为若干个生产步骤的成本管理，往往不仅要求按照产品品种计算成本，而且还要求按照生产步骤计算成本，以便为考核和分析各种产品及生产步骤的成本计划的执行情况提供资料。分步法有逐步结转和平行结转两种方式

续表

<table>
<tr><td rowspan="11">分类</td><td rowspan="5">（1）逐步结转分步法</td><td colspan="2">这种结转方式的特点是根据各基本生产步骤所归集的生产费用，先算出该步骤半成品的成本，然后随着半成品实物的转移，其成本也向下一步骤结转。也就是说，随着加工过程的进行，各生产步骤的半成品成本逐步积累起来，最后形成完工产品的成本</td></tr>
<tr><td rowspan="3">逐步结转分步法的优点</td><td>①能提供各个生产步骤的半成品成本资料</td></tr>
<tr><td>②为各生产步骤的在产品实物管理及资金管理提供资料</td></tr>
<tr><td>③能够全面地反映各生产步骤的生产耗费水平，更好地满足各生产步骤成本管理的要求</td></tr>
<tr><td>逐步结转分步法的缺点</td><td>成本结转工作量较大，各生产步骤的半成品成本如果采用逐步综合结转方法，还要进行成本还原，增加核算的工作量</td></tr>
<tr><td rowspan="6">（2）平行结转分步法</td><td colspan="2">这种方式是将各加工步骤本身所发生的生产费用总额（不包括上个步骤转来的半成品成本），先在完工产品和在产品之间进行划分，然后将各加工步骤应由完工产品负担的份额，通过平行结转的方式汇总计算最终产品成本</td></tr>
<tr><td rowspan="2">平行结转分步法的优点</td><td>①各步骤可以同时计算产品成本，平等汇总计入产成品成本，不必逐步结转半成品成本</td></tr>
<tr><td>②能够直接提供按原始成本项目反映的产成品成本资料，不必进行成本还原，因而能够简化和加速成本计算工作</td></tr>
<tr><td rowspan="3">平行结转分步法的缺点</td><td>①不能提供各个步骤的半成品成本资料</td></tr>
<tr><td>②在产品的费用在产品最后完成以前，不随实物转出而转出，即不按其所在的地点登记，而按其发生的地点登记，因而不能为各个生产步骤在产品的实物和资金管理提供资料</td></tr>
<tr><td>③各生产步骤的产品成本不包括所耗半成品费用，因而不能全面地反映各该步骤产品的生产耗费水平（第一步除外），不能更好地满足这些步骤成本管理的要求</td></tr>
</table>

第四节　员工工资怎么处理
——劳务成本的会计核算

(一)劳务成本的特点

劳务成本，是指企业对外提供劳务所发生的成本。劳务成本的特点见表12-15。

表 12-15　劳务成本的特点

(1)不依附于某一产品或生产过程	(2)属企业提供的对外劳务	(3)不含企业建造劳务成本
劳务成本不依附于某一生产产品或生产过程，与企业的生产经营无关；计入生产成本或制造费用的劳务是在生产产品(或商品)的过程中或为生产车间提供的一项劳务，它不属于独立的提供劳务行为，而是在生产过程中发生、与生产产品(或商品)等有关的劳务。例如，对外提供的加工劳务，为保证生产顺利进行而提供的修理劳务等	劳务成本是企业对外提供的一项独立的劳务，如企业对外提供的装修、装饰劳务，与销售产品(或商品)无关的运输劳务等	不包括企业接受的建造合同劳务所发生的成本，建造合同劳务所发生的成本一般在“工程施工”科目进行核算

(二)劳务成本的会计核算

小企业应当设置“劳务成本”账户，以核算企业对外提供劳务所发生的成本。该账户的借方登记发生的各项劳务成本；贷方登记结转的各项劳务成本；期末借方余额反映尚未完成劳务的成本，或按完工百分比法确认收入时，尚未结转的劳务成本。

1. 劳务成本的账务处理

当小企业发生劳务成本时，借记“劳务成本”，贷记“银行存款”“应付职工薪酬”“原材料”等科目。小企业(建造承包商)对外单位、专项工程等提供机械作业(包括运输设备)的成本，借记“劳务成本”，贷记“机械作业”科目。结转劳务的成本，借记“主营业务成本”“其他业务支出”等科目，贷记“劳务成本”。

2. 劳务成本核算示例

例 12–5：

某小企业于 2018 年 5 月 18 日接受一项设备安装任务，该安装任务可一次完成，合同总收入 15000 元，实际发生成本 9800 元，其中人工成本 8100 元，材料成本 1700 元。编制如下会计分录：

（1）确认劳务收入的会计分录略。

（2）发生并确认有关成本费用。

借：主营业务成本　　9800

　贷：应付职工薪酬　　8100

　　　原材料　　1700

若上述安装任务需要花费一段时间（不超过本会计期间）才能完成，其支出应先计入“劳务成本”账户；安装任务结束后，再将其转入“主营业务成本”账户。

对于不能在同一会计期间内完成，但在期末能对交易的结果做出可靠估计的劳务，应按完工百分比法确认劳务成本。发生的成本记入劳务成本，确认本期费用时，按确定的金额，由劳务成本转入主营业务成本。

例 12–6：

某小型咨询服务企业接受委托为光明贸易公司进行市场调查工作。双方签订的合同注明，调查期为 5 个月，从 2017 年 12 月 1 日开始至 2018 年 5 月 1 日止，调查费总额 200000 元，在调查开始和结束时分两次支付，每次支付 100000 元。整个调查工作需要安排支出 120000 元。

截至2017年12月25日共发生调查成本36000元，据专业人士估计，到2017年12月31日可以完成任务的20%。

编制如下会计分录：

(1) 2017年12月1日收到预付调查费：

借：银行存款　　100000

　贷：预收账款　　100000

(2) 发生调查成本：

借：劳务成本　　36000

　贷：银行存款（等）　　36000

(3) 2017年12月31日确认收入和成本：

借：预收账款　　40000（200000×20%）

　贷：主营业务收入　　40000

(4) 结转成本：

借：主营业务成本　　24000（120000×20%）

　贷：劳务成本　　24000

第五节　三大费用怎么算
——期间费用的会计核算

期间费用，亦称期间成本，与一定期间相联系，是指直接从企业当期销售收入中扣除的费用。从企业的损益确定来看，期间费用与产品销售成本、产品销售税金及附加一起从产品销售收入中扣除后作为企业当期的营业利润。当期的期间费用是全额从当期损益中扣除的，其发生额不影响下一个会计期间。期间费用包括管理费用、销售费用和财务费用等。

（一）管理费用的核算

管理费用是指小企业为组织和管理企业生产经营所发生的费用，管理费用包括的内容较多，以工业企业为例具体包括以下内容（表 12-16）。

表 12-16　管理费用的主要内容

项目	内容
公司经费	企业管理人员工资、福利费、差旅费、办公费、折旧费、修理费、物料消耗、低值易耗品摊销和其他经费
工会经费	按职工工资总额的一定比例计提拨交给工会的经费
职工教育经费	按职工工资总额的一定比例计提，用于职工培训学习以提高文化技术水平的费用
劳动保险费	企业支付离退休职工的退休金或按规定交纳的离退休统筹金、价格补贴、医药费或医疗保险费、退职金、6个月以上病假人员工资、职工死亡丧葬补助费及抚恤费、按规定支付离休人员的其他经费
待业保险费	企业董事会或最高权力机构及其成员为执行职能而发生的差旅费、会议费等
咨询费	企业向有关咨询机构进行科学技术经营管理咨询所支付的费用
审计费	企业聘请注册会计师进行查账、验资、资产评估等发生的费用
诉讼费	企业因起诉或应诉而支付的各项费用
税金	企业按规定支付的房产税、车船使用税、土地使用税、印花税等
土地使用费	企业使用土地或海域而支付的费用
土地损失补偿费	企业在生产经营过程中破坏土地而支付的土地损失补偿费
技术转让费	企业购买或使用专有技术而支付的技术转让费用
技术开发费	企业开发新产品、新技术所发生的新产品设计费、工艺规程制定费、设备调整费、原材料和半成品的试验费、技术图书资料费、未获得专项经费的中间试验费及其他有关费用
无形资产摊销	场地使用权、工业产权及专有技术和其他无形资产的摊销
递延资产摊销	开办费和其他资产的摊销
坏账损失	企业按年末未回收的应收账款、经批准列入损失的部分
业务招待费	企业为业务经营的合理需要在年销售净额一定比例之内支付的费用
其他费用	不包括在上述项目中的其他管理费用，如绿化费、排污费等

（二）管理费用账户的设置

企业应设置“管理费用”科目，反映管理费用的发生及结转。发生管理费用时，借记该科目，贷记“库存现金”“银行存款”“（长期）待摊费用”“无形资产”“坏账准备”“累计折旧”“应付职工薪酬”“应付福利费用”“应交税费”“其他应交款”等科目；期末，应将该科目结转至“本年利润”科目，结转后该科目应无余额。商品流通企业可以不设“管理费用”科目，将上述管理费用的会计核算内容并入“销售费用”科目核算。“管理费用”应按费用项目设置明细科目，进行明细分类核算。

例 12–7：

某小企业 2018 年 6 月份发生的管理费用及会计分录如下：

(1) 开出支票，支付本月业务招待费等费用 6900 元。

借：管理费用　　6900

　贷：银行存款　　6900

(2) 按规定计提行政管理部门固定资产折旧费 2500 元，结算行政管理部门人员工资 8000 元，结转领用低值易耗品实际成本 300 元。

借：管理费用　　10800

　贷：累计折旧　　2500

　　应付职工薪酬　　8000

　　低值易耗品　　300

(3) 摊销应由本月负担的保险费、报刊费，共计 560 元。

借：管理费用　　560

　贷：待摊费用　　560

(4) 按规定预提行政管理部门用房的修理费 1520 元。

借：管理费用　　1520

贷：预提费用 1520

(5) 期末结转管理费用19780元。

借：本年利润 19780

贷：管理费用 19780

(三)销售费用的会计核算

销售费用是指小企业销售商品过程中发生的费用，包括运输费、装卸费、包装费、保险费、展览费和广告费，以及为销售本企业商品而专设的销售机构（含销售网点、售后服务网点等）的职工工资、类似工资性质的费用、业务费等经营费用。小企业应设置“销售费用”账户，核算企业发生的各项销售费用。该账户的借方登记发生的销售费用；贷方登记期末转入“本年利润”账户的销售费用；“销售费用”账户结转“本年利润”后无余额。企业发生各项销售费用时，借记“销售费用”账户，贷记“库存现金”“银行存款”“应付职工薪酬”等账户；期末，将归集的销售费用全部转入本年利润时，借记“本年利润”账户，贷记“销售费用”账户。“销售费用”科目应按费用项目设置明细科目，进行明细分类核算。

例12-8：

某小企业公司2018年6月份发生的销售费用及会计分录如下：

(1) 开出转账支票，支付运输费、装卸费、广告费等8760元。

借：销售费用 8760

贷：银行存款 8760

(2) 根据发料凭证汇总表，登记产品销售领用包装材料5830元。

借：销售费用 5830

贷：原材料 5830

(3) 结转本月专设销售机构职工工资及福利费11200元，其中：工资8000元，福利费3200元。

借：销售费用　　11200

　贷：应付职工薪酬　　8000

　　　应付福利费　　3200

(4) 期末结转销售费用。

借：本年利润　　25790

　贷：销售费用　　25790

（四）财务费用的会计核算

财务费用，指企业筹集生产经营所需资金而发生的费用，包括利息支出（减利息收入）、汇兑损失、相关的手续费等。小企业应设置“财务费用”账户核算企业发生的各项财务费用（图12-7）。

1.财务费用

应注意的是，为购建固定资产的专门借款所发生的借款费用，在固定资产达到预定可使用状态前按规定应予资本化的部分，应计入有关固定资产的购建成本

2.财务费用账户

该账户的借方登记发生的财务费用；贷方登记期末转入“本年利润”账户的财务费用。“财务费用”账户结转“本年利润”后无余额。

企业发生的各项财务费用，借记“财务费用”账户，贷记“银行存款”“预提费用”等账户。

企业发生利息收入、汇总收益时，借记“银行存款”等账户，贷记“财务费用”账户。

期末，将本期发生的财务费用全部由“财务费用”账户转入“本年利润”账户，计入当期损益。“财务费用”科目应按费用项目设置明细科目，进行明细分类核算

图12-7　财务费用的会计核算

例 12-9：

某小企业 2018 年 6 月份发生的财务费用及会计分录如下：

(1) 用银行存款支付短期借款利息支出 2530 元（该企业未预提借款利息）。

借：财务费用　　2530
　贷：银行存款　　2530

(2) 用银行存款支付银行手续费 360 元。

借：财务费用　　360
　贷：银行存款　　360

(3) 银行通知，第四季度银行存款利息收入 530 元。

借：银行存款　　530
　贷：财务费用　　530

(4) 期末结转财务费用 2360 元。

借：本年利润　　2360
　贷：财务费用　　2360

第十三章 企业绩效焦点
——利润及利润分配的会计核算

● 全章概览

企业经营的目标是什么？或者说财务管理的目标是什么？相信大多数人都会说："当然是赚钱啦。"没错，企业经营的目标不外乎利润最大化、每股收益最大化、企业价值最大化。而这些目标都是紧紧围绕利润展开的。遵循结果导向，利润往往是企业最关注的。举个上市公司的例子，对连续两年出现亏损的企业进行特别处理（ST），连续三年亏损就变为 *ST 了，面临着退市的风险。

通过本章的学习我们将熟悉利润的核算以及利润是如何分配的，赶紧往下看吧。

第一节　体验经营成果
——利润

利润是企业在一定会计期间的经营成果，表现为企业净资产的增加，是反映企业经济效益的一个重要指标。

(一) 利润的构成

利润是由一定会计期间内生产经营活动所获得的各项收入抵减各项支出后形成的。相抵后若为正数，表示盈利；若为负数，则表示亏损。按其来源及构成的不同层次，可以将其分为主营业务利润、营业利润、利润总额和净利润（图 13−1）。

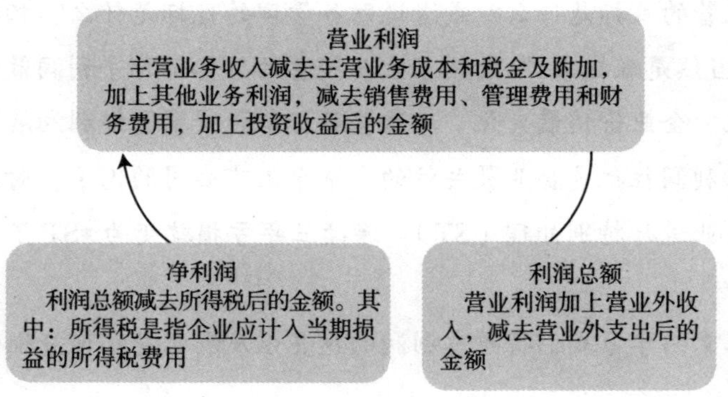

图 13−1　利润构成

企业的上述利润构成可用公式表示如下：

主营业务利润 = 主营业务收入 − 主营业务成本 − 税金及附加

其他业务利润 = 其他业务收入 − 其他业务支出

营业利润 = 主营业务利润 + 其他业务利润 − 销售费用 − 管理费用 − 财务费用 ± 投资收益

利润总额 = 营业利润 + 营业外收入 − 营业外支出

净利润 = 利润总额 - 所得税

（二）本年利润的会计核算

上述利润构成中的主营业务收入、主营业务成本、税金及附加、其他业务收入、其他业务支出、投资收益等内容，其核算方法大多已在前面有关章节中做过介绍，这里主要介绍营业外收入、营业外支出、所得税和本年利润等的会计核算。

1. 营业外收入的核算

营业外收入是指企业生产经营活动无直接关系的各项非经济性收入，包括固定资产盘盈、处置固定资产净收益、非货币性交易收益、出售无形资产收益、罚款净收入等。企业应设置“营业外收入”科目，核算企业发生的与其生产经营无直接关系的各项收入，期末，应将该科目的余额转入“本年利润”科目，结转后该科目应无余额。该科目应按收入种类设置三栏式明细账，若企业营业外收入种类不多也可设置多栏式明细账，并按业务种类设置专栏进行明细分类核算。

（1）固定资产清理净收益。企业在生产经营期间，固定资产清理所取得的收益，应借记“固定资产清理”科目，贷记“营业外收入”科目。

例 13-1：

2018 年 6 月，某小企业某项固定资产进行报废清理，固定资产原价 50000 元，累计折旧 48000 元，发生清理费用 1500 元，残余材料变价收入 4000 元。则结转固定资产清理收益的会计分录如下：

借：固定资产清理　500

　贷：营业外收入　500

（2）固定资产盘盈收益。企业在清查过程中，对于查明的固定资产盘盈，按确定的价值，借记“固定资产”科目，贷记“营业外收入”科目。

例 13-2：

某小企业 2018 年 6 月盘盈一项固定资产，同类固定资产的市场价格为 50000 元，按新旧程度估计其价值损耗为 27000 元。会计分录如下：

借：固定资产　　23000

　贷：营业外收入　　23000

（3）转让固定资产净收益。企业转让固定资产取得的净收益，应借记“固定资产清理”科目，贷记“营业外收入”科目。

例 13-3：

某小企业 2018 年 7 月转让一项固定资产，其原价为 40000 元，已提折旧为 28000 元，取得转让收入为 18000 元，发生清理费用和上交税金共 2500 元。则结转转让净收益的会计分录如下：

借：固定资产清理　　3500

　贷：营业外收入　　3500

（4）出售无形资产净收益。企业出售无形资产，按实际取得的转让收入，借记“银行存款”等科目，按无形资产的账面余额，贷记“无形资产”科目，按应支付的相关税费，贷记“应交税费”等科目，按实际取得的转让收入大于无形资产账面余额与相关税费之和的差额，贷记“营业外收入”科目。

例 13-4：

某小企业 2019 年 7 月转让一项无形资产，其账面余额为 120000 元，取得转让收入为 160000 元，按规定应交增值税 9600 元、城市维护建设税 400 元、教育费附加 320 元。会计分录如下：

借：银行存款　160000

　贷：无形资产　120000

　　应交税费——应交增值税（销项税额）　9600

　　　　——应交城市维护建设税　400

　　其他应交款——应交教育费附加　320

　　营业外收入　29680

（5）罚款净收入。小企业取得的罚款净收入，借记“银行存款”等科目，贷记“营业外收入”科目。

2. 营业外支出的核算

营业外支出是与企业生产经营活动无直接关系的各项非经济性支出，小企业应设置“营业外支出”科目，核算所发生的营业外支出，并在发生该类支出时借记本科目，期末，应将该科目的余额转入“本年利润”科目，结转后该科目应无余额。该科目应按具体的支出项目设置明细账，进行明细核算。

（1）固定资产清理净损失。企业在生产经营期间，进行固定资产清理所发生的损失，借记“营业外支出”科目，贷记“固定资产清理”科目。

（2）固定资产盘亏损失。企业在清查财产过程中查明的固定资产盘亏，借记“营业外支出”“累计折旧”科目，贷记“固定资产”科目。

例 13−5：

某小企业 2018 年 12 月进行财产清理，查明盘亏机器设备一台，原价 22000 元，已提折旧 15000 元。会计分录如下：

借：营业外支出　7000

　累计折旧　15000

　贷：固定资产　22000

（3）罚款支出。企业在生产经营期发生的罚款支出，借记“营业外支出”科目，贷记“银行存款”等科目。

例 13-6：

某小企业 2018 年 8 月因排污不达标，被有关部门处以 3500 元罚款，以银行存款支付。会计分录如下：

借：营业外支出　　3500

　贷：银行存款　　3500

（4）非常损失。企业外购的物资在运输途中发生非常损失，借记“营业外支出”科目，贷记“在途物资”等科目。

例 13-7：

2019 年 8 月 5 日，某小企业（一般纳税人）一批正在运输途中的材料发生非常损失，其实际成本为 50000 元，增值税进项税额为 8000 元。会计分录如下：

借：营业外支出　　58000

　贷：在途物资　　50000

　　应交税费——应交增值税（进项税额转出）　　8000

（5）出售无形资产净损失。企业出售无形资产，按实际取得的转让收入，借记“银行存款”等科目，按无形资产的账面余额，贷记“无形资产”科目，按应支付的相关税费，贷记“应交税费”等科目，按实际取得的转让收入小于无形资产账面余额与相关税费之和的差额，借记“营业外支出”科目。

3. 本年利润的核算和结转

企业本年利润的计算和结转方法有表结法和账结法两种，小企业的本年利润一般采用账结法。

账结法的具体做法是：每期期末结出损益类科目的本月发生额和余额，然后编制记账凭证，将损益类科目的余额结转到“本年利润”科目，结转后损益类科目均无余额，最后利用“本年利润”科目计算确定本期利润和本年利润。

目前小企业的本年利润一般采用账结法。其主要流程如下（图 13–2）。

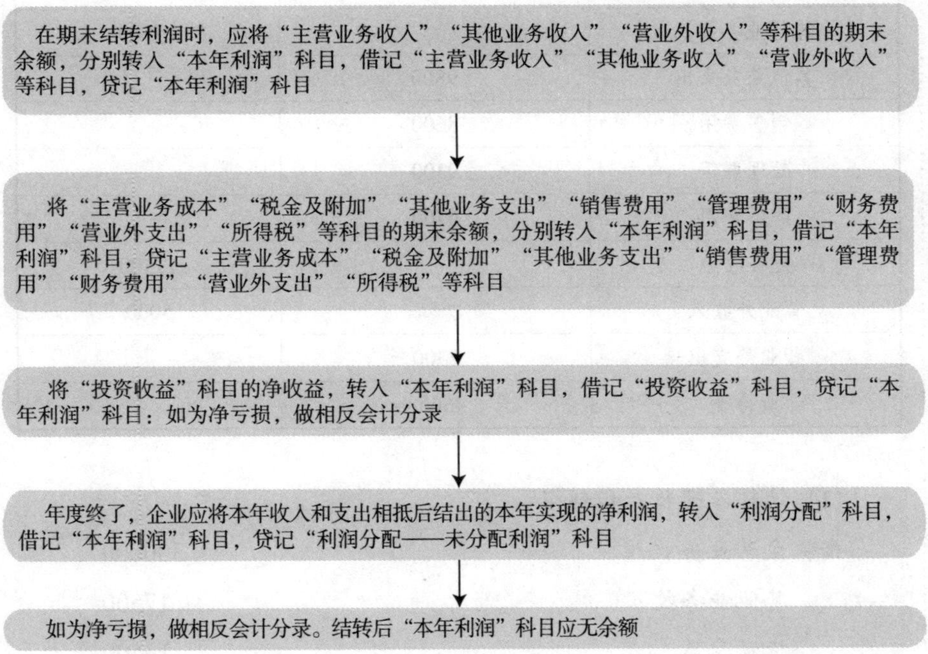

在期末结转利润时，应将“主营业务收入”“其他业务收入”“营业外收入”等科目的期末余额，分别转入“本年利润”科目，借记“主营业务收入”“其他业务收入”“营业外收入”等科目，贷记“本年利润”科目

↓

将“主营业务成本”“税金及附加”“其他业务支出”“销售费用”“管理费用”“财务费用”“营业外支出”“所得税”等科目的期末余额，分别转入“本年利润”科目，借记“本年利润”科目，贷记“主营业务成本”“税金及附加”“其他业务支出”“销售费用”“管理费用”“财务费用”“营业外支出”“所得税”等科目

↓

将“投资收益”科目的净收益，转入“本年利润”科目，借记“投资收益”科目，贷记“本年利润”科目：如为净亏损，做相反会计分录

↓

年度终了，企业应将本年收入和支出相抵后结出的本年实现的净利润，转入“利润分配”科目，借记“本年利润”科目，贷记“利润分配——未分配利润”科目

↓

如为净亏损，做相反会计分录。结转后“本年利润”科目应无余额

图 13–2　本年利润账结法结转流程

例 13-8：

某小企业当年年末，各损益类科目的期末余额见表 13-1。

表 13-1 损益类科目期末余额表

科目名额	借方	贷方
主营业务收入		300000
主营业务成本	150000	
税金及附加	9700	
其他业务收入		17500
其他业务支出	9800	
销售费用	8600	
管理费用	9300	
财务费用	6700	
投资收益		13500
营业外收入		5000
营业外支出	2300	
所得税	46068	

（1）结转各项收入和利得：

借：主营业务收入　300000

　　其他业务收入　17500

　　投资收益　13500

　　营业外收入　5000

　贷：本年利润　336000

（2）结转各项费用和损失：

借：本年利润　242468

　贷：主营业务成本　150000

　　　税金及附加　9700

　　　其他业务支出　9800

销售费用	8600
管理费用	9300
财务费用	6700
营业外支出	2300
所得税	46068

第二节　成果需要分享
——利润分配

对于所取得的利润，企业均需按一定的程序进行分配。

（一）利润分配的一般顺序

企业当年实现的净利润，加上年初未分配利润（或减去年初未弥补亏损）和其他转入后的余额，为可供分配的利润。可供分配的利润，按下列顺序分配（图 13-3）。

（1）提取法定盈余公积
法定盈余公积按照本年实现净利润和国家规定的比例计算提取。企业提取的法定盈余公积主要用于弥补亏损和转增资本金

（2）提取任意盈余公积
任意盈余公积按照本年实现净利润或按照提取法定盈余公积后的利润和企业确定的比例计算提取。企业提取的任意盈余公积也主要用于弥补亏损和转增资本金。按照现行规定，是否提取任意盈余公积由企业自行决定

可供分配的利润 → 可供投资者分配的利润 → 未分配利润

可供分配的利润减去提取的法定盈余公积和任意盈余公积后，为可供投资者分配的利润

可借投资者分配的利润一般有以下几种分配方式：一是向投资者分配利润；二是将利润转作资本；三是向投资者分配利润的同时，将部分利润转增资本。
可供投资者分配的利润减去应付利润和转增资本的利润后，为未分配利润

未分配利润可留待以后年度进行分配。企业如发生亏损，可以按规定由以后年度利润进行弥补。按现行税收政策规定，企业发生经营亏损，可以在以后的五年内，用实现的利润在交纳所得税前进行弥补，在五年内弥补不完的部分应用交纳所得税后的利润再行弥补，或者用提取的盈余公积进行弥补

图 13-3　利润分配的一般顺序

（二）利润分配的会计核算

小企业应当按照利润分配的去向设置如下明细科目，进行明细核算，见表 13−2。

表 13−2 “利润分配”科目的明细科目

明细科目名称	核算内容及方法
其他转入	用盈余公积弥补亏损时，借记“盈余公积”，贷记本科目
提取法定盈余公积	按规定从净利润中提取盈余公积时，借记本科目（提取法定盈余公积、提取任意盈余公积），贷记“盈余公积——法定盈余公积、任意盈余公积”科目
提取任意盈余公积	
应付利润	应当分配给投资者的利润，借记本科目，贷记“应付利润”
转作资本的利润	按董事会或类似机构批准的应转增资本的金额，在办理增资手续后，借记本科目，贷记“实收资本”等科目
未分配利润	年度终了，将“本年利润”科目转入本科目，借记“本年利润”科目，贷记本科目，如为净亏损，做相反会计分录；同时，将“利润分配”科目下的其他明细科目的余额转入本科目

例 13−9：

某小企业 2019 年的实现净利润为 600000 元，根据国家有关规定首先按净利润提取 10%的法定盈余公积，再根据董事会决定，按提取法定盈余公积后的利润提取 10%的任意盈余公积，最后确定应分配给投资者利润 100000 元，转作资本的利润 200000 元。有关会计分录如下：

（1）结转本年净利润：

借：本年利润　　600000

　贷：利润分配——未分配利润　　600000

（2）提取法定盈余公积：

借：利润分配——提取法定盈余公积　　60000

　贷：盈余公积——法定盈余公积　　60000

(3) 提取任意盈余公积：

借：利润分配——提取任意盈余公积　　54000

　贷：盈余公积——任意盈余公积　　54000

(4) 应分配给投资者的利润：

借：利润分配——应付利润　　100000

　贷：应付利润　　100000

(5) 利润转增资本：

借：利润分配——转作资本的利润　　200000

　贷：实收资本　　200000

(6) 结转“利润分配”中除“未分配利润”明细科目外的其他明细科目的余额：

借：利润分配——未分配利润　　414000

　贷：利润分配——提取法定盈余公积　　60000

　　　　——提取任意盈余公积　　54000

　　　　——应付利润　　100000

　　　　——转作资本的利润　　200000

经上述结转后，“利润分配——未分配利润”科目的贷方余额为：600000－414000＝186000（元），为年末未分配利润。

例 13–10：

某小企业 2019 年发生经营净亏损 160000 元，经董事会批准，用提取的法定盈余公积 100000 元弥补部分亏损。有关会计分录如下：

(1) 结转本年净亏损：

借：利润分配——本分配利润　　160000

　贷：本年利润　　160000

(2) 用法定盈余公积弥补亏损：

借：盈余公积　　100000

贷：利润分配——其他转入　　　　　　　　　　　　100000

(3) 将“利润分配”科目中的“其他转入”明细科目余额转入“未分配利润”明细科目：

借：利润分配——其他转入　　　　　　　　　　100000

贷：利润分配——未分配利润　　　　　　　　　　100000

结转后，“利润分配——未分配利润”科目的借方余额为：160000－100000＝60000（元），为年末未弥补亏损。

（三）以前年度损益调整

当小企业在会计期内发生了需要调整以前年度损益的事项时，应通过“以前年度损益调整”科目进行核算（图 13–4）。这些事项包括年度资产负债表日至财务报告批准报出日之间发生的属于报告年度或以前期间的销售退回，以及本年度发生的其他需要调整以前年度损益的事项，如本年度发现的以前年度重大会计差错的调整事项。

（1）如果是调整增加以前年度利润或调整减少以前年度亏损和相应增加所得税的，应借记有关科目，按应调整增加的应交税费，贷记“应交税费”科目，按其差额，贷记“以前年度损益调整”科目

↓

（2）如果是调整减少以前年度利润或调整增加以前年度亏损和相应减少所得税的，应按调整减少的所得税，借记“应交税费”科目，按扣除调整应交税费的部分，借记“以前年度损益调整”科目，按两者的合计金额，贷记有关科目

↓

（3）经调整后，应将“以前年度损益调整”科目的余额转入“利润分配”科目。“以前年度损益调整”科目如为贷方余额，应借记“以前年度损益调整”科目，贷记“利润分配——未分配利润”科目；“以前年度损益调整”科目如为借方余额，则做相反会计分录

图 13–4　调整以前年度损益

例 13−11：

乙企业在2019年10月1日销售一批商品200件，增值税发票上注明售价20000元，增值税额3200元。该批商品的成本为12000元，假设无其他税费。2019年12月31日已按当年实现净利润的10%提取法定盈余公积。次年2月10日，该批商品退回50%，退回商品已入库，退货款已支付。乙企业所得税税率为25%，所得税汇算清缴截止日为3月31日，年度财务会计报告批准报出日为4月30日。

乙企业在收到退回商品和退回已收货款时，应对报告年度（2019年度）做会计调整分录如下：

(1) 支付已退商品货款：

借：以前年度损益调整　10000

　　应交税费——应交增值税（销项税额）　1600

　贷：银行存款　11600

(2) 商品入库：

借：库存商品　6000

　贷：以前年度损益调整　6000

(3) 调整应交所得税：

借：应交税费——应交所得税　1000

　贷：以前年度损益调整　1000

(4) 将“以前年度损益调整”科目的余额转入“利润分配”科目：

借：利润分配——未分配利润　3000

　贷：以前年度损益调整　3000

(5) 调整利润分配的有关数字：

借：盈余公积——法定盈余公积　300

　贷：利润分配——未分配利润　300

例 13-12：

甲企业 2020 年初发现上年的 12 月 28 日销售的一批产品，少结转销售成本 600000 元，属重大会计差错。设企业所得税税率为 25%，并按净利润的 10%提取法定盈余公积。甲企业的有关会计分录如下：

(1) 补充结转少结转的销售成本：

借：以前年度损益调整　　600000

　贷：库存商品　　600000

(2) 调整应交所得税：

借：应交税费——应交所得税　　150000

　贷：以前年度损益调整　　150000

(3) 将“以前年度损益调整”科目的余额转入“利润分配”科目：

借：利润分配——本分配利润　　450000

　贷：以前年度损益调整　　450000

(4) 调整利润分配的有关数字：

借：盈余公积——法定盈余公积　　45000

　贷：利润分配——未分配利润　　45000

第十四章 企业经营“体检表”
——财务会计报告

● 全章概览

一套真实的会计报表，如同给企业出具的一份科学的体检报告，专业的医生可以从中看出企业的发展状况以及健康与否；而虚假的会计报表则如同一份捏造的体检报告，将会造成错误的治疗。

股神巴菲特特别强调财务报告的价值，他推崇从对财务会计报告的研读中发现企业真实的状况以及是否具有投资前景。当你拿到一份财务报告的时候是否不知从何读起，是否不知怎样从纷繁的数据中提炼出需要的信息？本章将详细介绍三大财务会计报告的编报，相信你一定会收获良多。

第一节　从编报要求谈起
——财务会计报告概述

（一）小企业财务会计报告的构成

财务会计报告是指反映小企业某一特定日期财务状况和某一会计期间经营成果及资金变动情况的总结性书面文件。它以账簿记录为依据，利用统一的货币计量单位，按照统一规定的格式、内容和编制方法，定期编制（表 14−1）。

表 14−1　小企业财务会计报告的构成

<table>
<tr><td colspan="2">1. 按时间顺序编报</td></tr>
<tr><td rowspan="4">包括年度、半年度、季度和月度会计报告</td><td>月度、季度财务会计报告是指月度和季度终了提供的财务会计报告，通常仅指会计报表</td></tr>
<tr><td>半年度财务会计报告是指在每个会计年度的前六个月结束后，对外提供的财务会计报告</td></tr>
<tr><td>半年度、季度和月度财务会计报告统称为中期财务会计报告</td></tr>
<tr><td>年度财务会计报告是指年度终了对外提供的财务会计报告</td></tr>
<tr><td colspan="2">2. 按内容编报</td></tr>
<tr><td>会计报表</td><td>《小企业会计准则》中仅要求提供资产负债表和利润表两张基本报表。小企业可按相关使用者的要求，提供现金流量表</td></tr>
<tr><td>会计报表附注</td><td>会计报表附注是小企业为了使报表的使用者更好理解财务会计报告的内容而编写的，《小企业会计准则》对会计报表附注中仅要求披露所采用的主要会计政策和会计估计、当期的主要交易等事项</td></tr>
<tr><td>财务情况说明书</td><td>财务情况说明书至少应当对下列情况做出说明：小企业生产经营的基本情况；利润实现和分配情况；资金增减和周转情况；对小企业财务状况、经营成果和对现金流量有重大影响的其他事项</td></tr>
</table>

鉴于小企业自身的特点，对于其提供的财务会计报告有特殊的规定，主要体现了务实、从简的原则。根据我国《小企业会计准则》的规定，资产负债表

和利润表是小企业的基本会计报表，而现金流量表是否要编制，由企业根据需要自行选择，不做强制性要求。而且按照编报的不同，小企业只需编制和报送年度和月度财务会计报告，对半年度和季度财务会计报告没有硬性要求。

但小企业年度财务会计报告，除应包括《小企业会计准则》规定的基本会计报表外，同时也应提供会计报表附注的内容，它与小企业会计报表共同构成小企业财务会计报告体系。具体的小企业财务会计报告体系见表 14–2。

表 14–2　小企业财务会计报告体系

编号	会计报表名称	编报期
会小企 01 表	资产负债表	月度报告、年度报告
会小企 02 表	利润表	月度报告、年度报告
会小企 03 表	现金流量表	年度报告（按需要选择编制）
会小企 01 表附表	应交增值税明细表	月度报告、年度报告适用于增值税一般纳税企业

（二）财务会计报告的编制

为充分发挥财务会计报告的作用，达到利用会计报告有效地管理经济的目的，编制财务会计报告要做到“数字真实、计算准确、内容完整、报送及时”（表 14–3）。

表 14–3　账务会计报告的编制要求

<table>
<tr><td colspan="2">1. 数字真实</td></tr>
<tr><td colspan="2">小企业的会计报表的各项指标必须真实可靠，如实地反映小企业的财务和经营成果的真实情况。为此，会计报表必须根据登记完整、核实无误的账簿记录和其他有关资料编制，不得以计划数或估计数代替实际数，更不能伪造数字、编造不真实的会计报表</td></tr>
<tr><td rowspan="2">为了保证会计报表的数字真实、准确，应做到以下几点</td><td>（1）报告期内所有的经济业务必须全部登记入账，应根据真实的交易事项和完整、准确的账簿记录编制会计报表，要按照规定的结账日进行结账，不得提前或者延迟</td></tr>
<tr><td>（2）在编制会计报表之前，应认真核对账簿记录，做到账证相符、账账相符、账实相符。发现有不符之处，应先查明原因，加以改正，再据以编制会计报表</td></tr>
</table>

续表

<table>
<tr><td>为了保证会计报表的数字真实、准确，应做到以下几点</td><td>（3）在编制会计报表时，要核对会计报表之间的数字。各种会计报表之间，以及同一会计报表各项目之间，凡有对应关系的数字都要核对相符；本期会计报表与上期会计报表之间有关的数字应相互衔接，本年度会计报表与上年度会计报表之间的相关指标数字应衔接一致</td></tr>
<tr><td colspan="2">2. 计算准确</td></tr>
<tr><td colspan="2">小企业会计报表的指标、数字，必须按规定进行计算，做到计算准确无误。由于会计报表上的数字多是账簿记录和其他有关资料加工计算得到的，这就要求编制报表时，必须根据会计制度规定的报表指标的计算方法或计算公式计算各有关报表指标，并确保正确，不得随意改变计算方法或任意估算数字</td></tr>
<tr><td colspan="2">3. 内容完整</td></tr>
<tr><td colspan="2">小企业编制的会计报表，其种类和内容必须完整。会计制度规定的报表，都应编制齐全，不得漏编；各种报表上规定填列的项目，不论是表内项目或补充资料，都应填列齐全，不得漏填；若某一项目无指标数字，应在项目内划“—”符号，以免误解。汇编部门在编制汇总报表时，对所属单位的报表，必须全部汇总，不得漏汇</td></tr>
<tr><td colspan="2">4. 报送及时</td></tr>
<tr><td colspan="2">小企业会计报表必须在规定的时间内及时上报。会计报表所反映的资料是重要的经济信息，各单位只有在会计期间结束后及时编制并报送报表，才能使有关方面迅速掌握信息，充分利用会计报表资料分析和解决问题。为此，应科学组织好会计日常核算工作，认真做好记账、算账、对账工作及财产清查工作。不准为赶编报表而提前结账或先编报表后记账、结账</td></tr>
<tr><td colspan="2">5. 其他</td></tr>
<tr><td colspan="2">小企业不得违反规定，随意改变财务会计报告的编制基础、编制依据、编制原则和方法，不得随意改变《小企业会计准则》所规定的财务报告有关数据的会计口径</td></tr>
</table>

第二节　财务状况“体检表”
——资产负债表

（一）资产负债表及其主要内容

通过资产负债表，可以反映某一日期资产总额及其结构，表明小企业拥有或控制的经济资源及其情况；可以提供某一日期的负债总额及其结构，表明小企业未来需要用多少商品或劳务清偿债务以及清偿时间；可以反映所有者所拥有的权益，表明投资者在企业资产中所占的份额。资产负债表是反映小企业某一特定日期财务状况的会计报表。资产负债表的内容见表 14–4。

表 14–4　资产负债表的内容

主要内容	（1）小企业所掌握的各项资产及其分布状况
	（2）小企业所负担的债务及偿债能力
	（3）所有者在该小企业中持有的权益
	（4）小企业未来的财务形势和趋向（通过包括上年数据的“比较报表”了解）

（二）资产负债表的格式

资产负债表的基本格式分为“报告式”和“账户式”两种。《小企业会计准则》规定，资产负债表的格式采用“账户式”格式。账户式的资产负债表的结构是左右结构，左边列示资产项目，右边列示负债和所有者权益项目，从而使资产负债表左右平衡。这种报表便于报表使用者对小企业的财务状况进行分析。账户式资产负债表的简化格式见表 14–5。

表 14–5　资产负债表的简化格式

资产	行次	金额	负债及所有者权益	行次	金额
流动资产			流动负债		
长期投资			长期负债		
固定资产			负债总计		
无形资产			实收资本		
递延资产			资本公积		
其他资产			盈余公积		
			未分配利润		
			所有者权益合计		
资产总计			负债及所有者权益合计		

（三）资产负债表的基本结构

资产负债表的基本结构如图 14-1 所示。

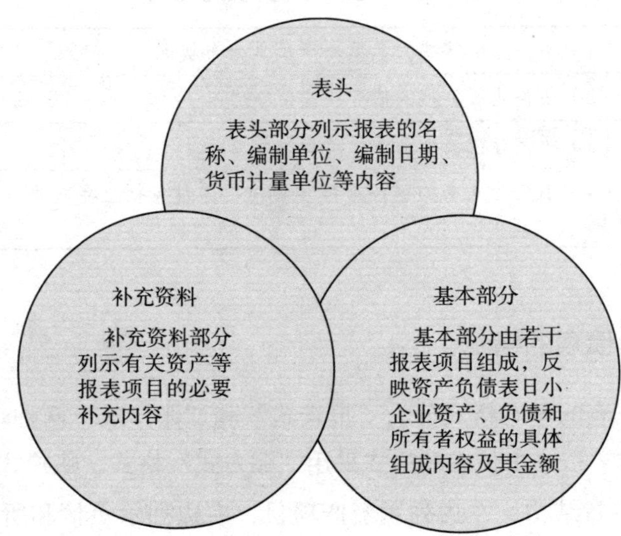

图 14-1　资产负债表的基本结构

（四）资产负债表的编制方法

资产负债表详见表 14-6。

表 14-6　资产负债表

会小企 01 表

编制单位：　　　　　　　　年　　月　　日　　　　　　　　单位：元

资产	行次	期末余额	年初余额	负债和所有者权益	行次	期末余额	年初余额
流动资产：				流动负债：			
货币资金	1			短期借款	31		
短期投资	2			应付票据	32		
应收票据	3			应付账款	33		
应收账款	4			预收账款	34		

续表

资产	行次	期末余额	年初余额	负债和所有者权益	行次	期末余额	年初余额
预付账款	5			应付职工薪酬	35		
应收股利	6			应交税费	36		
应收利息	7			应付利息	37		
其他应收款	8			应付利润	38		
存货	9			其他应付款	39		
其中：原材料	10			其他流动负债	40		
在产品	11			流动负债合计	41		
库存商品	12			非流动负债：			
周转材料	13			长期借款	42		
其他流动资产	14			长期应付款	43		
流动资产合计	15			递延收益	44		
非流动资产：				其他非流动负债	45		
长期债券投资	16			非流动负债合计	46		
长期股权投资	17			负债合计	47		
固定资产原价	18						
减：累计折旧	19						
固定资产账面价值	20						
在建工程	21						
工程物资	22						
固定资产清理	23						
生产性生物资产	24			所有者权益（或股东权益）：			
无形资产	25			实收资本（或股本）	48		
开发支出	26			资本公积	49		
长期待摊费用	27			盈余公积	50		
其他非流动资产	28			未分配利润	51		
非流动资产合计	29			所有者权益（或股东权益）合计	52		
资产合计	30			负债和所有者权益合计	53		

资产负债表内各项目金额，应按统一规定填列年初数和期末数。

1.“年初数”的填列方法

小企业资产负债表中的金额栏包括“年初数”和“期末数”两栏。其中，表中的“年初数”栏内各项数字，应根据上年末资产负债表“期末数”栏内所列数字填列。因此，掌握了“期末数”的填列方法，“年初数”的填列问题也就自然而然地解决了。如果本年度资产负债表规定的各个项目的名称和内容同上年度不相一致，应对上年年末资产负债表各项目的名称和数字按照本年度的规定进行调整，填入资产负债表中的“年初数”栏内。

小企业(中外合作经营)根据合同规定在合作期间归还投资者的投资，应在“实收资本(或股本)”项目下增加“减:已归还投资”项目单独列示。

表14−6反映小企业某一特定日期全部资产、负债和所有者权益(或股东权益)的情况。

表14−6“年初余额”栏内各项数字，应根据上年末资产负债表“期末余额”栏内所列数字填列。

2.“期末数”的填列方法

(1)“货币资金”项目，反映小企业库存现金、银行存款、其他货币资金的合计数。本项目应根据“库存现金”“银行存款”和“其他货币资金”科目的期末余额合计填列。

(2)“短期投资”项目，反映小企业购入的能随时变现并且持有时间不准备超过1年的股票、债券和基金投资的余额。本项目应根据“短期投资”科目的期末余额填列。

(3)“应收票据”项目，反映小企业收到的未到收款期也未向银行贴现的应收票据(银行承兑汇票和商业承兑汇票)。本项目应根据“应收票据”科目的期末余额填列。

(4)“应收账款”项目，反映小企业因销售商品、提供劳务等日常生产经营活动应收取的款项。本项目应根据“应收账款”的期末余额分析填列。如“应收账款”科目期末为贷方余额，应当在“预收账款”项目列示。

(5)“预付账款”项目，反映小企业按照合同规定预付的款项。包括:根据合同规定预付的购货款、租金、工程款等。本项目应根据“预付账款”科目的期末借方余额填列，如“预付账款”科目期末为贷方余额，应当在“应付账款”项目列示。

属于超过1年期的预付账款的借方余额应当在“其他非流动资产”项目列示。

（6）“应收股利”项目，反映小企业应收取的现金股利或利润。本项目应根据“应收股利”科目的期末余额填列。

（7）“应收利息”项目，反映小企业债券投资应收取的利息。小企业购入一次还本付息债券应收的利息，不包括在本项目内。本项目应根据“应收利息”科目的期末余额填列。

（8）“其他应收款”项目，反映小企业除应收票据、应收账款、预付账款、应收股利、应收利息等以外的其他各种应收及暂付款项。包括：各种应收的赔款、应向职工收取的各种垫付款项等。本项目应根据“其他应收款”科目的期末余额填列。

（9）“存货”项目，反映小企业期末在库、在途和在加工中的各项存货的成本。包括：各种原材料、在产品、半成品、产成品、商品、周转材料（包装物、低值易耗品等）、消耗性生物资产等。本项目应根据“材料采购”“在途物资”“原材料”“材料成本差异”“生产成本”“库存商品”“商品进销差价”“委托加工物资”“周转材料”“消耗性生物资产”等科目的期末余额分析填列。

（10）“其他流动资产”项目，反映小企业除以上流动资产项目外的其他流动资产（含1年内到期的非流动资产）。本项目应根据有关科目的期末余额分析填列。

（11）“长期债券投资”项目，反映小企业准备长期持有的债券投资的本息。本项目应根据“长期债券投资”科目的期末余额分析填列。

（12）“长期股权投资”项目，反映小企业准备长期持有的权益性投资的成本。本项目应根据“长期股权投资”科目的期末余额填列。

（13）“固定资产原价”和“累计折旧”项目，反映小企业固定资产的原价（成本）及累计折旧。这两个项目应根据“固定资产”科目和“累计折旧”科目的期末余额填列。

（14）“固定资产账面价值”项目，反映小企业固定资产原价扣除累计折旧后的余额。本项目应根据“固定资产”科目的期末余额减去“累计折旧”科目期末余额后的金额填列。

（15）“在建工程”项目，反映小企业尚未完工或虽已完工，但尚未办理竣工决算的工程成本。本项目应根据“在建工程”科目的期末余额填列。

（16）“工程物资”项目，反映小企业为在建工程准备的各种物资的成本。本项目应根据“工程物资”科目的期末余额填列。

（17）“固定资产清理”项目，反映小企业因出售、报废、毁损、对外投资等原因处置固定资产所转出的固定资产账面价值以及在清理过程中发生的费用等。本项目应根据“固定资产清理”科目的期末借方余额填列：如“固定资产清理”科目期末为贷方余额，以“-”号填列。

（18）“生产性生物资产”项目，反映小企业生产性生物资产的账面价值。本项目应根据“生产性生物资产”科目的期末余额减去“生产性生物资产累计折旧”科目的期末余额后的金额填列。

（19）“无形资产”项目，反映小企业无形资产的账面价值。本项目应根据“无形资产”科目的期末余额减去“累计摊销”科目的期末余额后的金额填列。

（20）“开发支出”项目，反映小企业正在进行的无形资产研究开发项目满足资本化条件的支出。本项目应根据“研发支出”科目的期末余额填列。

（21）“长期待摊费用”项目，反映小企业尚未摊销完毕的已提足折旧的固定资产的改建支出、经营租入固定资产的改建支出、固定资产的大修理支出和其他长期待摊费用。本项目应根据“长期待摊费用”科目的期末余额分析填列。

（22）“其他非流动资产”项目，反映小企业除以上非流动资产以外的其他非流动资产。本项目应根据有关科目的期末余额分析填列。

（23）“短期借款”项目，反映小企业向银行或其他金融机构等借入的期限在 1 年内的、尚未偿还的各种借款本金。本项目应根据“短期借款”科目的期末余额填列。

（24）“应付票据”项目，反映小企业因购买材料、商品和接受劳务等日常生产经营活动开出、承兑的商业汇票（银行承兑汇票和商业承兑汇票）尚未到期的票面金额。本项目应根据“应付票据”科目的期末余额填列。

（25）“应付账款”项目，反映小企业因购买材料、商品和接受劳务等日常生产经营活动尚未支付的款项。本项目应根据“应付账款”科目的期末余额填列。如“应付账款”科目期末为借方余额，应当在“预付账款”项目列示。

（26）“预收账款”项目，反映小企业根据合同规定预收的款项。包括：预收的购货款、工程款等。本项目应根据“预收账款”科目的期末贷方余额填列；如“预收账款”科目期末为借方余额，应当在“应收账款”项目列示。

属于超过1年期的预收账款的贷方余额应当在“其他非流动负债”项目列示。

（27）“应付职工薪酬”项目，反映小企业应付未付的职工薪酬。本项目应根据“应付职工薪酬”科目期末余额填列。

（28）“应交税费”项目，反映小企业期末未交、多交或尚未抵扣的各种税费。本项目应根据“应交税费”科目的期末贷方余额填列；如“应交税费”科目期末为借方余额，以“-”号填列。

（29）“应付利息”项目，反映小企业尚未支付的利息费用。本项目应根据“应付利息”科目的期末余额填列。

（30）“应付利润”项目，反映小企业尚未向投资者支付的利润。本项目应根据“应付利润”科目的期末余额填列。

（31）“其他应付款”项目，反映小企业除应付账款、预收账款、应付职工薪酬、应交税费、应付利息、应付利润等以外的其他各项应付、暂收的款项。包括：应付租入固定资产和包装物的租金、存入保证金等。本项目应根据“其他应付款”科目的期末余额填列。

（32）“其他流动负债”项目，反映小企业除以上流动负债以外的其他流动负债（含1年内到期的非流动负债）。本项目应根据有关科目的期末余额填列。

（33）“长期借款”项目，反映小企业向银行或其他金融机构借入的期限在1年以上的、尚未偿还的各项借款本金。本项目应根据“长期借款”科目的期末余额分析填列。

（34）“长期应付款”项目，反映小企业除长期借款以外的其他各种应付未付的长期应付款项。包括：应付融资租入固定资产的租赁费、以分期付款方式购入固定资产发生的应付款项等。本项目应根据“长期应付款”科目的期末余额分析填列。

（35）“递延收益”项目，反映小企业收到的、应在以后期间计入损益的政府补助。本项目应根据“递延收益”科目的期末余额分析填列。

（36）“其他非流动负债”项目，反映小企业除以上非流动负债项目以外的其他非流动负债。本项目应根据有关科目的期末余额分析填列。

（37）“实收资本（或股本）”项目，反映小企业收到投资者按照合同协议约定或相关规定投入的、构成小企业注册资本的部分。本项目应根据“实收资本（或股本）”科目的期末余额分析填列。

（38）“资本公积”项目，反映小企业收到投资者投入资本超出其在注册资本中所占份额的部分。本项目应根据“资本公积”科目的期末余额填列。

（39）“盈余公积”项目，反映小企业（公司制）的法定公积金和任意公积金，小企业（外商投资）的储备基金和企业发展基金。本项目应根据“盈余公积”科目的期末余额填列。

（40）“未分配利润”项目，反映小企业尚未分配的历年结存的利润。本项目应根据“利润分配”科目的期末余额填列。未弥补的亏损，在本项目内以“-”号填列。

表 14-6 中各项目之间的勾稽关系为：

行 15= 行 1+ 行 2+ 行 3+ 行 4+ 行 5+ 行 6+ 行 7+ 行 8+ 行 9+ 行 14

行 9 ≥行 10+ 行 11+ 行 12+ 行 13

行 29= 行 16+ 行 17+ 行 20+ 行 21+ 行 22+ 行 23+ 行 24+ 行 25+ 行 26+ 行 27+ 行 28

行 20= 行 18- 行 19

行 30= 行 15+ 行 29

行 41= 行 31+ 行 32+ 行 33+ 行 34+ 行 35+ 行 36+ 行 37+ 行 38+ 行 39+ 行 40

行 46= 行 42+ 行 43+ 行 44+ 行 45

行 47= 行 41+ 行 46

行 52= 行 48+ 行 49+ 行 50+ 行 51

行 53= 行 47+ 行 52+ 行 30

概括以上填列方式，可总结为以下几种方式，见表 14−7。

表 14−7　资产负债表项目填列方式

序号	填列方式	资产负债表项目
1	根据总账科目余额直接填列	如应收票据、短期借款等
2	根据总账科目余额计算填列	如货币资金、存货等
3	根据明细科目余额计算填列	如应收账款、应付账款等
4	根据总账和明细科目余额分析计算填列	如长期待摊费用、长期借款等
5	根据科目余额减去备抵项目后的净额填列	如短期投资、其他应收款等

（五）资产负债表编制示例

例 14−1：

新华公司为增值税一般纳税人，适用的增值税税率为 16%，所得税税率为 25%。新华公司 2019 年 1 月 1 日，有关科目的余额见表 14−8。

表 14−8　科目余额表

2019 年 1 月 1 日　　单位：元

科目名称	借方余额	科目名称	贷方余额
库存现金	40000	短期借款	400000
银行存款	18252000	应付账款	936000
短期投资	300000	应付职工薪酬	600000
应收票据	468000	应交税费	80000
应收账款	2000000	应付利息	
预付账款		长期借款	2000000
在途物资	500000	实收资本	10000000

续表

科目名称	借方余额	科目名称	贷方余额
原材料	340000	资本公积	6000000
低值易耗品	80000	利润分配	19964000
库存商品	2800000		
长期股权投资	1600000		
长期债券投资			
固定资产	12600000		
累计折旧	−2000000		
在建工程	3000000		
合计	39980000	合计	39980000

根据上述资料，编制2019年12月31日资产负债表，见表14−9。

表14−9　资产负债表

会小企01表

编制单位：新华公司　　2019年12月31日　　单位：元

资产	期末余额	年初余额	负债和所有者权益	期末余额	年初余额
流动资产：			流动负债：		
货币资金	18292000		短期借款	400000	
短期投资	300000		应付账款	936000	
应收票据	468000		预收账款	0	
应收账款	2000000		应付职工薪酬	600000	
预付账款	0		应交税费	80000	
应收股利	0		应付利息	0	
应收利息	0		应付利润	0	
其他应收款	0		其他应付款	0	
存货	3720000		其他流动负债	0	

续表

资产	期末余额	年初余额	负债和所有者权益	期末余额	年初余额
其他流动资产	0		流动负债合计	2016000	
流动资产合计	24780000		非流动负债：		
非流动资产：			长期借款	2000000	
长期债券投资	0		长期应付款	0	
长期股权投资	1600000		递延收益	0	
固定资产原价	12600000		其他非流动负债	0	
减：累计折旧	2000000		非流动负债合计	2000000	
固定资产净值	10600000		负债合计	4016000	
工程物资	0				
在建工程	3000000				
固定资产清理	0		所有者权益（或股东权益）：		
固定资产合计	13600000		实收资本（或股本）	10000000	
生产性生物资产	0		资本公积	6000000	
无形资产	0		盈余公积	0	
长期待摊费用	0		其中：法定盈余	0	
其他非流动资产	0		未分配利润	19964000	
非流动资产合计	15200000		所有者权益（或股东权益）合计	35964000	
资产合计	39980000		负债和所有者权益合计	39980000	

第三节　经营成果“体检表”
——利润表

（一）利润表的性质及作用

利润表是反映企业在一定会计期间经营成果的报表。例如，反映 1 月 1 日至 12 月 31 日经营成果的利润表，由于它反映的是某一期间的情况，所以，又称为动态报表。有时，利润表也称为损益表、收益表。

利润表主要提供有关企业经营成果方面的信息，它的作用如图 14−2 所示。

（1）反映企业一定会计期间的收入实现情况。
实现的主营业务收入有多少、实现的其他业务收入有多少、实现的投资收益有多少、实现的营业外收入有多少等等

（2）反映一定会计期间的费用耗费情况。
耗费的主营业务成本有多少，税金及附加有多少，销售费用、管理费用、财务费用各有多少，营业外支出有多少等

（3）反映企业生产经营活动的成果。
净利润的实现情况，据以判断资本保值、增值情况

（4）净利润表中的信息与资产负债表中的信息相结合，提供进行财务分析的基本资料

图 14−2　利润表的作用

（二）利润表的结构

利润表按其计算利润的过程不同可分为两种方式，即单步式和多步式（图 14−3）。

图 14-3　利润表的结构

标准利润表格式见表 14-10。

表 14-10　利润表

会小企 02 表

编制单位：　　　　　　　　年　　月　　　　　　　　单位：元

项目	行次	本年累计金额	本月金额
一、营业收入	1		
减：营业成本	2		
税金及附加	3		
其中：消费税	4		
营业税（已取消）	5		
城市维护建设税	6		
资源税	7		
土地增值税	8		
城镇土地使用税、房产税、车船税、印花税	9		
教育费附加、矿产资源补偿费、排污费	10		
销售费用	11		
其中：商品维修费	12		
广告费和业务宣传费	13		
管理费用	14		
其中：开办费	15		
业务招待费	16		
研究费用	17		
财务费用	18		

续表

项目	行次	本年累计金额	本月金额
其中：利息费用（收入以“-”号填列）	19		
加：投资收益（损失以“-”号填列）	20		
二、营业利润（亏损以“-”号填列）	21		
加：营业外收入	22		
其中：政府补助	23		
减：营业外支出	24		
其中：坏账损失	25		
无法收回的长期债券投资损失	26		
无法收回的长期股权投资损失	27		
自然灾害等不可抗力因素造成的损失	28		
税收滞纳金	29		
三、利润总额（亏损总额以“-”号填列）	30		
减：所得税费用	31		
四、净利润（净亏损以“-”号填列）	32		

（1）表14－10反映小企业在一定会计期间内利润（亏损）的实现情况。

（2）表14－10“本年累计金额”栏反映各项目自年初起至报告期末止的累计实际发生额。

该表“本月金额”栏反映各项目的本月实际发生额；在编报年度财务报表时，应将“本月金额”栏改为“上年金额”栏，填列上年全年实际发生额。

（三）各项目的内容及其填列方法

（1）“营业收入”项目，反映小企业销售商品和提供劳务所实现的收入总额。本项目应根据“主营业务收入”科目和“其他业务收入”科目的发生额合计填列。

（2）“营业成本”项目，反映小企业所销售商品的成本和所提供劳务的成本。本项目应根据“主营业务成本”科目和“其他业务成本”科目的发生额合计填列。

（3）“税金及附加”项目，反映小企业开展日常生产活动应负担的消费税、城市维护建设税、资源税、土地增值税、城镇土地使用税、房产税、车船税、印花税和教育费附加、矿产资源补偿费、排污费等。本项目应根据“税金及附加”科目的发生额填列。

（4）“销售费用”项目，反映小企业销售商品或提供劳务过程中发生的费用。本项目应根据“销售费用”科目的发生额填列。

（5）“管理费用”项目，反映小企业为组织和管理生产经营发生的其他费用。本项目应根据“管理费用”科目的发生额填列。

（6）“财务费用”项目，反映小企业为筹集生产经营所需资金发生的筹资费用。本项目应根据“财务费用”科目的发生额填列。

（7）“投资收益”项目，反映小企业股权投资取得的现金股利（或利润）、债券投资取得的利息收入和处置股权投资和债券投资取得的处置价款扣除成本或账面余额、相关税费后的净额。本项目应根据“投资收益”科目的发生额填列；如为投资损失，以“-”号填列。

（8）“营业利润”项目，反映小企业当期开展日常生产经营活动实现的利润。本项目应根据营业收入扣除营业成本、税金及附加、销售费用、管理费用和财务费用，加上投资收益后的金额填列。如为亏损，以“-”号填列。

（9）“营业外收入”项目，反映小企业实现的各项营业外收入金额。包括：非流动资产处置净收益、政府补助、捐赠收益、盘盈收益、汇兑收益、出租包装物和商品的租金收入、逾期未退包装物押金收益、确实无法偿付的应付款项、已作坏账损失处理后又收回的应收款项、违约金收益等。本项目应根据“营业外收入”科目的发生额填列。

（10）“营业外支出”项目，反映小企业发生的各项营业外支出金额。包括：存货的盘亏、毁损、报废损失，非流动资产处置净损失，坏账损失，无法收回的长期债券投资损失，无法收回的长期股权投资损失，自然灾害等不可抗力因素造成的损失，税收滞纳金，罚金，罚款，被没收财物的损失，捐赠支出，赞助支出等。本项目应根据“营业外支出”科目的发生额填列。

（11）“利润总额”项目，反映小企业当期实现的利润总额。本项目应根据营业利润加上营业外收入减去营业外支出后的金额填列。如为亏损总额，以“-”号填列。

（12）“所得税费用”项目，反映小企业根据企业所得税法确定的应从当期利润总额中扣除的所得税费用。本项目应根据“所得税费用”科目的发生额填列。

（13）“净利润”项目，反映小企业当期实现的净利润。本项目应根据利润总额扣除所得税费用后的金额填列。如为净亏损，以“-”号填列。

表 14-10 中各项目之间的勾稽关系为：

行 21= 行 1- 行 2- 行 3- 行 11- 行 14- 行 18+ 行 20

行 3 ≥行 4+ 行 5+ 行 6+ 行 7+ 行 8+ 行 9+ 行 10

行 11 ≥行 12+ 行 13

行 14 ≥行 15+ 行 16+ 行 17

行 18 ≥行 19

行 30= 行 21+ 行 22- 行 24

行 22 ≥行 23

行 24 ≥行 25+ 行 26+ 行 27+ 行 28+ 行 29

行 32= 行 30- 行 31

（四）利润表编制示例

例 14-2：

WCM 公司 2019 年损益类科目的发生额见表 14-11。

表 14-11　WCM 公司 2019 年损益类科目发生额

科目名称	借方发生额	贷方发生额
主营业务收入		5400000
主营业务成本	3000000	
销售费用	800000	
管理费用	240000	
财务费用	30000	
所得税	332500	

根据上述资料，编制 WCM 公司 2019 年的利润，见表 14-12。

表 14-12　利润表

会小企 02 表

编制单位：WCM 公司　　2019 年 12 月　　单位：元

项目	行次	本期金额	上期金额
一、营业收入	1	5400000	
减：营业成本	2	3000000	
税金及附加	3	0	
销售费用	4	800000	
管理费用	5	240000	
财务费用	6	30000	
加：投资收益	7	0	
二、营业利润	8	1330000	
加：营业外收入	9	0	
减：营业外支出	10	0	
三、利润总额	11	1330000	
减：所得税费用	12	332500	
四、净利润	13	997500	

第四节 “血液”运行“体检表”

——现金流量表

（一）现金流量表的概念

现金流量表是反映小企业在一定会计期间内现金及现金等价物流入和流出情况的报表。其中，现金是指广义的现金，不仅包括小企业的库存现金，还包括可以随时用于支付的银行存款、其他货币资金，以及现金等价物表（表14-13）。

表14-13　现金流量表的概念

1. 现金与现金等价物	现金等价物是指企业持有的期限短、流动性强、易于转换为已知金额现金、价值变动风险很小的投资。现金等价物虽然不是现金，但其支付能力与现金的差别不大，可视为现金。如企业为保证支付能力，手持必要的现金，为了不使现金闲置，可以购买短期债券，在需要现金时，随时可以变现。一项投资被确认为现金等价物必须同时具备四个条件：期限短、流动性强、易于转换为已知金额现金、价值变动风险很小。其中，期限较短，一般是指从购买日起，三个月内到期。例如可在证券市场上流通的三个月内到期的短期债券等。现金流量是某一段时期内企业现金流入和流出的数量。如企业销售商品、提供劳务、出售固定资产、向银行借款等取得现金，形成企业的现金流入；购买原材料、接受劳务、购建固定资产、对外投资、偿还债务等而支付现金等，形成企业的现金流出。现金流量信息能够表明企业经营状况是否良好，资金是否紧缺，企业偿付能力大小，从而为投资者、债权人、企业管理者提供非常有用的信息。应该注意的是，企业现金形式的转换不会产生现金的流入和流出，如企业从银行提取现金，是企业现金存放形式的转换，并未流出企业，不构成现金流量；同样，现金与现金等价物之间的转换也不属于现金流量，比如，企业用现金购买将于3个月内到期的国库券
2. 经营活动产生的现金流量	经营活动是指小企业在正常业务范围内进行的经济活动，它包括了小企业投资活动和筹资活动以外的所有交易和事项，就工商企业来说，经营活动主要包括：销售商品、提供劳务、经营性租赁、购买商品、接受劳务、广告宣传、推销产品、交纳税款等等。各类企业由于行业特点不同，对经营活动的认定存在一定差异，在编制现金流量表时，应根据企业的实际情况，对现金流量进行合理的归类。经营活动产生的现金流量是一项重要的指标，它可以说明小企业在不动用外部筹得资金的情况下，通过经营活动产生的现金流量是否足以偿还负债、支付股利和对外投资
3. 投资活动产生的现金流量	投资活动是指小企业长期资产的购建和不包括在现金等价物范围内的投资及其处置活动。这里所指的长期资产是指固定资产、在建工程、无形资产、其他资产等有期限在一年或一个营业周期以上的资产。这里之所以将"包括在现金等价物范围内的投资"排除在外，是因为已经将包括在现金等价物范围内的投资视同现金。投资活动主要包括：取得和收回投资、购建和处置固定资产、无形资产和其他长期资产等等。通过投资活动产生的现金流量，可以了解小企业为获得未来收益和现金流量而导致资源转出的程度，以及以前资源转出带来的现金流入等信息
4. 筹资活动产生的现金流量	筹资活动是指导致小企业资本及债务规模和构成发生变化的活动。这里所说的资本，包括实收资本（股本）、资本溢价（股本溢价）。与资本有关的现金流入和流出项目，包括吸收投资、发行股票、分配利润等。这里"债务"是指企业对外举债所借入的款项，如发行债券、向金融企业借入款项以及偿还债务等。通过筹资活动产生的现金流量，可以分析小企业的筹资能力，帮助投资者和债权人预计对小企业未来现金流量的要求权，以及获得前期现金流入而付出的代价

（二）现金流量表的内容和结构

现金流量表包括正表和补充资料两部分。

1. 现金流量表正表

正表是现金流量表的主体，小企业一定会计期间现金流量的信息主要由正表提供。正表采用报告式结构，按照现金流量的性质，依次分类反映经营活动产生的现金流量、投资活动产生的现金流量和筹资活动产生的现金流量，最后汇总反映出小企业现金及现金等价物的净增加额。在有外币现金流量折算为人民币的小企业，正表中还应单设“汇率变动对现金的影响”项目，以反映小企业外币现金流量折算人民币时，所采用的现金流量发生日的汇率折算的人民币金额，与“现金及现金等价物的净增加额”中外币现金净增加额按期末汇率折算的人民币金额之间的差额。

2. 现金流量表补充资料

现金流量表补充资料包括三部分内容：一是将净利润调节为经营活动的现金流量（即按间接法编制的经营活动现金流量）；二是不涉及现金收支的投资和筹资活动；三是现金及现金等价物净增加情况。

（三）现金流量表的编制方法

现金流量表的编制方法详见表 14−14。

表 14−14　现金流量表的编制方法

1. 经营活动现金流量各项目的内容及填列方法
经营活动产生的现金流量可以采用直接法和间接法两种方法来反映。对于小企业而言，只要求采用直接法报告经营活动的现金流量，不要求提供按照间接法报告的经营活动现金流量的信息。直接法是通过现金收入和现金支出的主要类别反映来自小企业经营活动的现金流量。采用直接法编制经营活动的现金流量时，一般以利润表中的营业收入为起算点，调整与经营活动有关的项目的增减变动，然后计算出经营活动的现金流量。国际会计准则鼓励小企业采用直接法编制现金流量表。在我国，现金流量正表以直接法编制，现金流量表的补充资料中按照间接法反映经营活动现金流量的情况
经营活动现金流量各项目的内容如下：

续表

<table>
<tr><td rowspan="6">（1）销售商品、提供劳务收到的现金</td><td>销售商品、提供劳务收到的现金指企业销售商品或提供劳务等经营活动收到的现金。对于该项目，应注意以下几点：</td></tr>
<tr><td>①本项经营活动包括所有经营活动，其中经营性租赁除外</td></tr>
<tr><td>②本项目不包括随销售收入和劳务收入一起收到的增值税销项税额</td></tr>
<tr><td>③本项目应包括收回前期的货款和本期预收的货款</td></tr>
<tr><td>④发生销货退回而支付的现金应从本项目中扣除</td></tr>
<tr><td>当期销售货款或提供劳务收到的现金可用如下公式计算得出：销售商品、提供劳务收到的现金＝当期销售商品或提供劳务收到的现金收入＋当期收到前期的应收账款＋当期收到前期的应收票据＋当期的预收账款－当期因销售退回而支付的现金＋当期收回前期核销的坏账损失</td></tr>
<tr><td>（2）收到的租金</td><td>反映企业收到的经营租赁的租金收入</td></tr>
<tr><td>（3）收到的增值税项税额和退回的增值税款</td><td>企业销售商品收到的增值税销项税额以及出口产品按规定退税而取得的现金，应单独反映。为便于计算这一项目的现金流量，企业应在“应收账款”和“应收票据”科目下分设“货款”和“增值税”两个明细科目。“应收账款（应收票据）——货款”科目用以调整计算销售、提供劳务收到的现金</td></tr>
<tr><td>（4）收到的除增值税以外的其他税费返还</td><td>企业除增值税税款退回外，还有其他的税费返还，如所得税、消费税、关税和教育费附加返还款等。这些返还的税费按实际收到的款项在本项目中反映</td></tr>
<tr><td>（5）购买商品、接受劳务支付的现金</td><td>购买商品、接受劳务支付的现金，包括当期购买商品支付的现金、当期支付的前期购买商品的应付款以及为购买商品而预付的现金等。因购买商品或接受劳务而同时支付的、能够抵扣增值税销项税额的进项税额，在“支付的增值税款”项目中反映。如果购买商品或接受劳务时，其中所含的增值税进项税额不能抵扣增值税销项税额，则仍在本项目中反映。企业当期购买商品、接受劳务支付的现金可通过以下公式计算得出：购买商品、接受劳务支付的现金＝当期购买商品、接受劳务支付的现金＋当期支付前期的应付账款＋当期支付前期的应付票据＋当期预付的账款－当期因购货退回收到的现金</td></tr>
<tr><td>（6）经营租赁所支付的现金</td><td>企业经营租赁所支付的租金按当期实际支付的款项反映</td></tr>
<tr><td>（7）支付给职工以及为职工支付的现金</td><td>反映企业以现金方式支付给职工的工资和为职工支付的其他现金。支付给职工的工资包括工资、奖金以及各种补贴等；为职工支付的其他现金，如企业为职工交纳的养老、失业等社会保险基金、企业为职工交纳的商业保险金等</td></tr>
</table>

续表

(8)支付的增值税款	反映企业购买商品实际支付的能够抵扣增值税销项税额的增值税进项税额，以及实际交纳的增值税税款。为便于计算这一项目的现金流量，企业应在“应付账款”和“应付票据”科目下分设“货款”和“增值税”两个明细科目。“应付账款（应付票据）——货款”科目用以调整计算购买商品、接受劳务支付的现金。投资活动支付的增值税应在投资活动现金流量中列示，不在本项目中反映
(9)支付的所得税款	反映企业当期实际支付的所得税
(10)支付的除增值税、所得税以外的其他税费	反映企业按国家有关规定于当期实际支付的除增值税、所得税以外的其他各种税款。包括本期发生并实际支出的税金和当期支付以前各期发生的税金以及预付的税金。对有关投资项目发生的税金支出，不应列为经营活动的现金流量，应在有关投资项目中列示。如交纳的投资方向调节税，应在“购建固定资产所支付的现金”项目中反映
(11)支付的其他与经营活动有关的现金	除上述主要项目外，企业还有一些项目，如管理费用等现金支出，可在“支付的其他与经营活动有关的现金”项目中反映
2. 投资活动现金流量各项目的内容及填列方法	
(1)收回投资所收到的现金	反映小企业出售、转让或到期收回除现金等价物以外的短期投资、长期股权投资而收到的现金，以及收回长期债权投资本金而收到的现金。企业收回的投资款项中包括两部分内容，一是投资本金，二是投资收益。除投资本金在本项目反映外，与投资本金一起收回的投资收益也应在本项目反映。但债券投资本金与利息，一般易于分清，其债券利息收入应与本金分开，在“取得债券利息收入所收到的现金”项目中单独反映
(2)分得股利或利润所收到的现金	反映因对外投资而分得的股利或利润
(3)取得债券利息收入所收到的现金	反映企业债券投资所取得的现金利息收入。包括在现金等价物范围内的债券投资，其利息收入也应在本项目中反映
(4)处置固定资产、无形资产和其他长期资产而收到的现金净额	反映出售固定资产、无形资产和其他长期资产所取得的现金扣除为出售这些资产而支付的有关费用后的净额。本项目还包括固定资产报废、毁损的变卖收益以及遭受灾害而收到的保险赔偿收入等。如处置固定资产、无形资产和其他长期资产所收回的现金净额为负数，则应作为投资活动现金流出项目反映，列在“支付的与投资活动有关的其他现金”中

续表

(5)购建固定资产、无形资产和其他长期资产所支付的现金	企业为购建固定资产而支付的款项，包括购买机器设备所支付现金及增值税款、建造工程支付的现金、支付在建工程人员的工资等现金支出。购买无形资产支付的现金，包括企业购入或自创取得各种无形资产的实际现金支出。购建固定资产项目中，不包括融资租赁租入固定资产所支付的租金。融资租赁租入固定资产所支付的租金，应在筹资活动的现金流量中反映
(6)权益性投资所支付的现金	反映企业购买股票等权益性投资所支付的现金
(7)债权性投资所支付的现金	反映企业购买的除现金等价物以外的债券而支付的现金。企业购买债券的价款中含有债券利息的，以及溢价或折价购入的，均按实际支付的金额反映
(8)其他与投资活动有关的现金收入与支出	除上述各项投资活动以外，企业还会发生一些其他投资活动项目的现金收入和现金支出。这些收入和支出分别在“收到的其他与投资活动有关的现金”项目和“支付的其他与投资活动有关的现金”项目反映
3. 筹资活动现金流量各项目的内容及填列方法	
(1)吸收权益性投资所收到的现金	反映企业通过发行股票等方式筹集资本所收到的现金。其中，股份有限公司公开募集股份，须委托金融企业进行公开发行，由金融企业直接支付的手续费、宣传费、咨询费、印刷费等费用，从发行股票取得的现金收入中扣除，以净额列示
(2)发行债券所收到的现金	反映企业发行债券筹集资金收到的现金。本项目以发行债券实际收到的现金列示。委托金融企业发行债券所花费的费用，应与发行股票所花费的费用一样处理，即发行债券取得的现金，应扣除代理发行公司代付的费用后的净额列示
(3)借款收到的现金	反映企业所借各种短期、长期借款所收到的现金
(4)偿还债务所支付的现金	反映企业偿还债务所支付的现金，包括：归还金融企业借款、偿付企业到期的债券等。本项目按企业当期实际支付的偿债金额填列。对于以非现金偿付的债务应在报表附注中说明。因借款而发生的利息支出，不在本项目反映，而列入“偿付利息所支付的现金”项目中
(5)发生筹资费用所支付的现金	反映企业为发行股票、债券或向金融企业借款等筹资活动发生的各种费用，如咨询费、公证费、印刷费等。这里所说的现金支出是指资金到达企业之前发生的前期费用，不包括利息支出和股利支出。前述委托金融企业发行股票或债券而由金融企业代付的费用，应在筹资款项中抵扣，不包括在本项目内
(6)分配股利或利润所支付的现金	反映企业当期实际支付的现金股利以及分配利润所支付的现金

续表

（7）偿付利息所支付的现金	反映企业用现金支付的借款利息、债券利息等。不同用途的借款，其利息的开支渠道不一样，如在建工程、财务费用，均应在本项目反映
（8）融资租赁所支付的现金	反映融资租赁租入固定资产所支付的现金。包括支付的当期应付租金和前期应付未付而于本期支付的租金
（9）减少注册资本所支付的现金	企业由于经营状况发生变化，如发生重大亏损短期内无力弥补或缩小经营规模等，企业经向有关部门申请可依法减资。因缩小经营规模而由股东抽回资本所发生的现金支出，在本项目反映
（10）与筹资活动有关的其他现金收入与支出	除上述各项筹资活动以外，企业还会发生一些其他与筹资活动项目有关的现金收入和现金支出。这些收入和支出分别在"收到的其他与筹资活动有关的现金"项目和"支付的其他与筹资活动有关的现金"项目反映

（四）现金流量表的编制实例

例 14-3：

WCM 公司 2019 年有关资料如下（增值税税率为 16%）：

本期主营业务收入为 2000 万元，收回应收账款 240 万元，预收甲公司货款 100 万元。

本期现购材料成本为 1400 万元，支付去年应付账款 100 万元，预付材料供应商乙公司货款 220 万元。

本期发放的职工工资总额为 200 万元，其中生产经营及管理人员的工资 140 万元，奖金 30 万元；在建工程人员的工资 24 万元，奖金 6 万元。工资及奖金全部从银行提取现金发放。

本期所得税费用为 320 万元；未交所得税的年初数为 240 万元，年末数为 200 万元（无调整事项）。

为建造厂房，本期以银行存款购入固定资产 200 万元，支付增值税税额 34 万元。

购入股票 200 万股，每股价格 5.2 元，其中包含的已宣告但尚未领取的现金股利每股 0.2 元，作为短期投资核算。

到期收回长期债券投资，面值 200 万元，3 年期，利率 3%，一次还本付息。

对一台管理用设备进行清理，该设备账面原价 240 万元，已提折旧 160 万元，以银行存款支付清理费用 4 万元，收到变价收入 26 万元，该设备已清理完毕。

借入短期借款 480 万元，借入长期借款 920 万元，当年以银行存款支付利息 60 万元。

向股东支付上年现金股利 100 万元。

(1)“销售产成品、商品、提供劳务收到的现金”项目 =2000 × (1+16%) +240+ 100=2660（万元）

(2)“购买原材料、商品、接受劳务支付的现金”项目 =1400 × (1+16%) +100+220=1944（万元）

(3)“支付的职工薪酬”项目 =140+30+24+6=200（万元）

(4)“支付的税费”项目 =320+240 −200=360（万元）

(5)“收回短期投资、长期债券投资和长期股权投资收到的现金”项目 =200（万元）

(6)“取得投资收益收到的现金”项目 =200 × 3% × 3=18（万元）

(7)“处置固定资产、无形资产和其他非流动资产收回的现金净额”项目 =26−4=22（万元）

(8)“短期投资、长期债券投资和长期股权投资支付的现金”项目 =200 × 5.2=1040（万元）

(9)“购建固定资产、无形资产和其他非流动资产支付的现金”项目 =200+34=234（万元）

(10)“取得借款收到的现金”项目 =480+920=1400（万元）

(11)“偿还借款利息支付的现金”项目 =60（万元）

(12)“分配利润支付的现金”项目 =100（万元）

据此，WCM 公司编制的现金流量表见表 14−15。

表 14-15 现金流量表

会小企 03 表

编制单位：WCM 公司　　2019 年　　单位：万元

项目	行次	本期金额	上期金额
一、经营活动产生的现金流量：			
销售产成品、商品、提供劳务收到的现金	1	2660	
收到其他与经营活动有关的现金	2	0	
购买原材料、商品、接受劳务支付的现金	3	1944	
支付的职工薪酬	4	200	
支付的税费	5	360	
支付其他与经营活动有关的现金	6	0	
经营活动产生的现金流量净额	7	96	
二、投资活动产生的现金流量：			
收回短期投资、长期债券投资和长期股权投资收到的现金	8	200	
取得投资收益收到的现金	9	18	
处置固定资产、无形资产和其他非流动资产收回的现金净额	10	22	
短期投资、长期债券投资和长期股权投资支付的现金	11	1040	
购建固定资产、无形资产和其他非流动资产支付的现金	12	234	
投资活动产生的现金流量净额	13	−1034	
三、筹资活动产生的现金流量：			
取得借款收到的现金	14	1400	
吸收投资者投资收到的现金	15	0	
偿还借款本金支付的现金	16	0	
偿还借款利息支付的现金	17	60	
分配利润支付的现金	18	100	
筹资活动产生的现金流量净额	19	1240	
四、现金净增加额	20	302	
加：期初现金余额	21		
五、期末现金余额	22		

第五节　其他“体检”资料
——会计报表附注及财务情况说明书

（一）会计报表附注的作用与内容形式

会计报表附注的作用与内容形式见表 14−16。

表 14−16　会计报表附注的作用与内容形式

1. 会计报表附注的作用	会计报表附注，是为便于会计报表使用者理解会计报表的内容而对会计报表的编制基础、编制依据、编制原则和方法及主要项目等所做的解释。一般在编制年度、半年度财务会计报告时编制。国家统一的会计制度规定季度、月度财务会计报告需要编制会计报表附注的，从其规定。 会计报表附注包括所有在会计报表内未提供的与企业财务状况和经营成果及现金流量有关的、有助于报表使用者更好地了解会计报表且可以随同会计报表一同报出的重要信息。会计报表附注一般包括企业简介、不符合基本会计假设的说明、主要的会计政策、会计报表项目注释、分部情况和重要事项揭示等内容。编制时，没有统一的格式及要求
2. 会计报表附注的内容	会计报表附注一般应包括小企业简介；主要会计政策和会计估计说明、重要事项说明；重要会计报表项目注释等。根据《企业财务会计报告条例》的规定，会计报表附注至少应当包括下列内容： 1. 主要会计政策和会计估计及其变更的说明 （1）会计政策变更的内容和理由。 （2）会计政策变更的影响数。 （3）累积影响数不能合理确定的理由。 （4）会计估计变更的内容和理由。 （5）会计估计变更的影响数。 （6）会计估计变更的影响数不能合理确定的理由。 （7）重大会计差错的内容。 （8）重大会计差错的更正金额。 2. 其他重要事项 （1）应收票据贴现，用于贴现的应收票据的票面金额、利率、贴现率等。 （2）未决诉讼、仲裁形成或为其他单位提供债务担保形成的或有负债。 （3）本期购买或处置的长期股权投资的情况。 （4）本期内与主要投资者往来事项。 （5）其他重要交易或事项，包括融资租入固定资产原价、资产负债表日至财务报告批准报出日之间发生的对小企业财务状况和经营成果产生重要影响的事项等

续表

3. 会计报表附注的形式	会计实务中，会计报表附注一般采取以下方式： 1. 尾注说明，一般适用说明内容较多的项目。 2. 括弧说明，为会计报表主体提供补充信息。 3. 脚注说明，是在报表下端进行的说明。 4. 补充说明，解释一些无法列入会计报表主体中的内容

（二）财务情况说明书的概念与撰写要求

财务情况说明书，是对小企业一定会计期间生产经营情况、资金周转和利润实现及分配等情况的综合说明，是会计报告的重要组成部分。它全面扼要地提供企业和其他单位生产经营、财务活动情况，分析总结经营业绩和存在的不足，是财务会计报告使用者了解和考核有关单位生产经营和业务活动开展情况的重要资料。

财务情况说明书是小企业财务报告的重要组成部分，它的撰写应符合下列要求（图 14–4）：

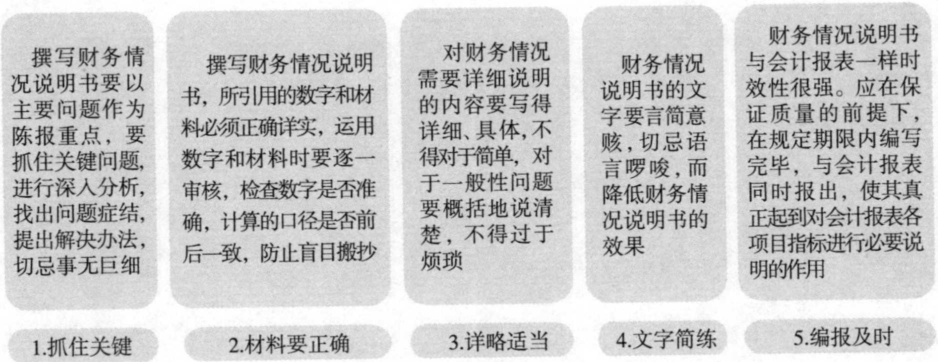

1.抓住关键	2.材料要正确	3.详略适当	4.文字简练	5.编报及时
撰写财务情况说明书要以主要问题作为陈报重点，要抓住关键问题，进行深入分析，找出问题症结，提出解决办法，切忌事无巨细	撰写财务情况说明书，所引用的数字和材料必须正确详实，运用数字和材料时要逐一审核，检查数字是否准确，计算的口径是否前后一致，防止盲目搬抄	对财务情况需要详细说明的内容要写得详细、具体，不得对于简单，对于一般性问题要概括地说清楚，不得过于烦琐	财务情况说明书的文字要言简意赅，切忌语言啰唆，而降低财务情况说明书的效果	财务情况说明书与会计报表一样时效性很强。应在保证质量的前提下，在规定期限内编写完毕，与会计报表同时报出，使其真正起到对会计报表各项目指标进行必要说明的作用

图 14–4　财务情况说明书要求

（三）财务情况说明书的内容

除法律、行政法规另有规定外，小企业的年度会计报表附注应披露如下内容（表 14–17）：

表 14-17 财务情况说明书包括的主要内容

1．主要会计政策和会计估计及其变更的说明	（1）会计政策变更的内容和理由
	（2）会计估计变更的内容和理由。小企业执行的各项会计政策，如果法律或行政法规、规章等要求变更，应按相关衔接办法的规定执行，没有相关衔接办法或是衔接办法未予规定，应进行追溯调整
2．其他重要事项	（1）应收票据贴现，用于贴现的应收票据的票面金额、利率、贴现率等
	（2）未决诉讼、仲裁形成或为其他单位提供债务担保形成的或有负债
	（3）本期购买或处置的长期股权投资的情况
	（4）本期内与主要投资者往来事项
	（5）其他重要交易或事项，包括资产负债表日至财务报告批准报出日之间发生的对小企业财务状况和经营成果产生重要影响的事项等